高薪HR

应备的
业务思维

黄红发　冯婉珊　华文逸◎著

中国铁道出版社有限公司
CHINA RAILWAY PUBLISHING HOUSE CO., LTD.

北　京

图书在版编目（CIP）数据

高薪 HR 应备的业务思维 / 黄红发，冯婉珊，华文逸
著. – 北京：中国铁道出版社有限公司，2025. 2.
ISBN 978-7-113-31535-1

Ⅰ. F272.92

中国国家版本馆 CIP 数据核字第 2024TX1194 号

书　　名：高薪 HR 应备的业务思维
　　　　　GAOXIN HR YINGBEI DE YEWU SIWEI

作　　者：黄红发　冯婉珊　华文逸

责任编辑：王　宏　　　　编辑部电话：（010）51873038　　　电子邮箱：17037112@qq.com
封面设计：宿　萌
责任校对：苗　丹
责任印制：赵星辰

出版发行：中国铁道出版社有限公司（100054，北京市西城区右安门西街 8 号）
网　　址：https://www.tdpress.com
印　　刷：河北宝昌佳彩印刷有限公司
版　　次：2025 年 2 月第 1 版　2025 年 2 月第 1 次印刷
开　　本：710 mm×1 000 mm 1/16　印张：15.5　字数：236 千
书　　号：ISBN 978-7-113-31535-1
定　　价：69.80 元

序 一

差旅归来，在宁静的深夜，拜读好友的最新作品《高薪HR应备的业务思维》一书，感慨万千！我深深感受到自身的职业发展路径与这本书的核心内容不谋而合。我有十多年企业人力资源专员、人力资源经理、人力资源总监的工作实践经历，并有幸在五年前兼任了区域地产企业总经理职务，从此踏上从集团企业职能模块负责人到企业业务模块实操者的转变之路，这本书的核心内容更像是我的成长心路。

人力资源是一个入门容易但精通极难的专业领域，HR（人力资源管理者）常常努力提升专业度，以期为企业创造价值，而人力资源专业本身恰恰是HR价值创造的最大障碍，因为HR从业者选择用专业思维还是业务思维来做人力资源管理工作，结果会截然不同。专业思维关注的是人力资源工具与各大模块的专业性与先进性；而业务思维却是站在企业发展的高度来解读企业战略，构建以业务为导向的人力资源规划与系统设计，完善以结果与核心业务为导向的人力资源各个模块的工作。

在一家企业中，管理者的视角一定是经营视角、全局视角，HR要想让管理者重视人力资源就必须学会与管理者同频，学会用经营业务的思维去开展工作。由于许多HR不懂业务，与管理者的沟通存在许多障碍，无法引起管理者及业务部门的重视，自己的职业生涯也受到了严重的阻碍。HR惯有的管理思维，其实更关注管理过程和举措；而业务思维则更关注客户需求和企业经营成果，属于结果导向。基于我在 HR 领域多年经验和企业经营管理的实践，更得益于这十几年来在专业领域和经营活动中犯过的种种错误，我坚信 HR 陷入困境的根源在于从事专业工作而形成的惯性思维和工作方式，HR 要塑造业务思维的关键是：超越专业、用心经营。HR 要能跳出专业深井，在组织中找到正确的定位，在为组织设计各种解决方案时，从客户需求而并非职能专业出发，从成果而非活动出发。

《孙子兵法》有云："兵者，国之大事，死生之地，存亡之道，不可不察也。"如今，企业与企业之间的竞争，人才竞争是核心。HR 作为企业人才战的指挥官，一定要具备打胜仗、打大仗的能力。《孙子兵法》又云："故善战者，立于不败之地，而不失敌之败也。是故胜兵先胜而后求战，败兵先战而后求胜。"因此，作为 HR 应当具备"全胜观"，站在经营者的角度，把人力资源专业与企业的业务发展深度融合，摆脱专业的职能型管理思维，树立综合型的以经营业务为导向的经营思维，帮助企业战略目标的实现。

同时，HR 除了超越专业、具备经营思维外，还必须用心深耕与深爱这个行业。《礼记》有云："孝子之有深爱者，必有和气；有和气者，必有愉色；有愉色者，必有婉容。"其实我们的外在表现，都是内在状态的投影。当你在 HR 的道路上用心深耕并深爱这个行业时，就会由内而外散发出从容与自信，从而形成 HR 独有的魅力，这种魅力是专业之外的一种影响力。

这本新作紧紧围绕"用经营与业务思维做人力资源管理"这一主题，从十个方面详细展开阐述：人力资源如何解读企业战略，如何做以经营为导向的人力资源规划，如何做基于组织效能的人力资源设计，如何构建人力资源运行系统，如何提升企业的"软实力"，如何从经营的角度做好招聘工作，如何构建以经营结果为导向的绩效管理、以业务为核心的人才培养体系、以激发人才内驱力的激励体系、基于价值贡献的薪酬体系。本书逻辑严谨、内容由浅入深，理论与案例结合，让我深受启发，值得广大读者尤其是 HR 从业者深入研读。

期待本书能给企业经营者和 HR 工作者带来更多的启迪，在这场有关人才争夺的竞技中，以更加优势的人才战略与更加精准的人才策略，实现有效突破，弯道超车，迎来企业持续的快速增长！

王 琪

丝宝集团人力资源部总经理兼丝宝地产（广州）公司总经理

序 二

　　大部分企业都想做好人力资源管理，却又经常流于形式，最终只能为企业创造零碎式的价值，并无法真正形成一个可持续良性发展的管理体系。究其根源，还是人力资源管理与企业的战略及业务方向的契合度不足。

　　在人力资源研究方面，我发现一个"铁打的企业，流水的人力资源管理者"的现象。企业每换一位人力资源负责人，人力资源制度就不断调整、表格不断更换，但是企业的人力资源管理水平并没有大幅度改善。因为部门主管甚至总经理对员工有着特定的管理偏好，他们内心总有一个不愿随意变动的禁区。所以，无论更换了多少个人力资源管理者，企业其他部门的管理者总是会以内心主观不变的人力管理想法，去应对新的人力资源管理体制。

　　拜读本书后，心有戚戚焉地看到作者对人力资源管理者殷殷叮咛，每天要做的三件重要的事：走近管理者、走进业务部门、走向商业环境。不断汲取企业环境变化的信息，深入了解企业内部战略及经营的需求，尤其是和企业家及经营者进行持续性的沟通，以保持人力资源管理在企业定位的不断校准。同时，本书给我最大的启示是"具备经营业务思维是 HR 做好企业人力资源管理工作的关键"。但大多数 HR 还没有意识到这一点，更不具备经营者的业务思维，这是广大 HR 急需要提升的。HR 要想提升在企业中的影响力，必须主动要求参与到企业战略与日常的经营管理链条中，主动帮助管理者解决企业经营中的困惑，提供决策信息支持，提供人才保障，推动组织变革，构建公平有效的薪酬分配体系和人才发展体系，聚集组织人效，打造企业的人力资源核心竞争力。

如今，微利时代下一些中小企业生存艰难，生产成本居高不下，劳动力效率低下，销售利润微薄，唯有让管理回归本质，从粗放式经营向精益化、精细化经营转变。而作为人力资源管理更要回归"管理"的本质，摆脱专业的职能型管理思维，树立综合型、以业务目标为导向的经营思维，成为管理者有力的助手，成为业务伙伴。广大 HR 要完成这一转变，回归人本管理本质，需要一个循序渐进的过程。

本书作者针对人力资源管理的每个环节，包括人力资源规划、组织效能设计、招聘、绩效管理、人员培养与激励及薪酬设计等。从经营者与业务推动的视角切入，改变传统的人力资源管理理念，聚焦人力资源效能的价值性与目的性，让人力资源管理更贴近于企业经营，更贴近于企业的价值输出。

全书以严谨的理论基础，配合丰富的实务经验与案例，为读者呈现一个逐层深入、很容易就能产出效益的人力资源管理世界，具体体现在以下方面：

一是在有效解读企业经营战略的基础上，构建企业人力资源管理的四大支柱，即胜任力、绩效管理、组织治理和变革能力，建立基于业务的经营型人力资源管理体系；

二是做好以经营为导向的人力资源规划与招聘系统，保障企业的人才供应链，提升企业的"软实力"，打造企业的可持续发展能力；

三是做好以组织效能为核心的人力资源设计与实效的人力资源运行系统，完善人力资源运行系统的四大机制，即牵引机制、激励机制、约束监督机制、竞争淘汰机制；

四是建立以经营结果为导向的绩效管理和基于价值贡献的薪酬体系设计，打造科学系统的分配体系，做到公平、公正，完善员工的基础保障；

五是构建以核心业务为导向的人才培养方式，坚持"训战"结合，因材施教，构建"四横四纵"人才培养体系，打造组织持续的人才竞争力；

六是建立能激发人才内驱力的激励体系，让激励效果最大化，把企业员工尤其是核心员工打造成组织命运共同体，揭示了人力资源管理的本质——以激发人才活力为导向。

本书值得企业经营者、职能部门负责人、人力资源管理者及相关专业人员参考学习，让我们在学习的路上共同前行，不断突破自我，走向成功！

李锡元
武汉大学经济与管理学院教授、博士生导师
湖北省人力资源学会副会长

目录

用业务思维解析人力资源战略

第一章

人力资源如何解读企业战略

很多企业家与中大型企业的人力资源管理者都认为人力资源管理者在企业里是很重要的，那么事实真的如此吗？

在我们深入企业做管理咨询时，很多的企业家都认为自己非常重视人力资源部门，但他们对企业人力资源管理者是否同样重视与认同呢？为了明确这个问题，我常会问企业家们一个问题："您对人力资源部门的定位是什么？是费用中心、成本中心、管理中心、利润中心，还是投资中心？"收到的回复中，80%的企业将人力资源部门定位为管理中心，偶尔有生产型企业将其定位为成本中心，鲜有管理者将其定位为利润中心，尚未遇到将其定位为投资中心的中小企业。

定位决定思维，思维决定行为，行为决定产出的价值。常言道："屁股决定脑袋"，意思是说，屁股坐在什么样的职位上，脑子里就会有相应的想法。同理，如果你将人力资源定位为管理中心，那么其主要职能就在于管理与控制，如果你将其定位为成本中心，那么其主要职能就在于成本控制。在这种定位下，若想让人力资源发展其战略价值，那基本上是不可能的。

既然人力资源那么重要，如果想发挥其战略价值，首先至少应将企业的人力资源部门定位为利润中心，为企业创造利润与财富的部门，这就是常说的在其位，谋其政。

第一节　人力资源定位如何呈现价值

人力资源部门及其负责人的定位，体现出这个岗位的重要程度。定好位后，人力资源工作如何有效地发挥它应有的价值？有多少企业开战略分析会、业务梳理会时主动请人力资源负责人提前介入的？又有多少人力资源负责人自己主动介入呢？

人力资源管理者想被企业重视，除了企业家的认识很重要之外，更重要的是人力资源负责人自身的思维认知要到位。其主要体现在于人力资源管理者是否主动关注企业的战略、企业的发展、企业的未来、管理者的需求及业务部门的需求。

一、关注管理者与业务部门的需求

有部分企业将人力资源部门定位为利润中心或投资中心之后，为什么会对人力资源负责人不满意？为什么大量的人力资源管理者感受不到被重视？我在讲课与咨询中常会问大家一个问题：企业总经理最重视什么？那就是创造价值！想要被重视，唯一的办法就是所在的部门创造出应有的价值。

如果我们只关注本职的人力资源规划、招聘与配置、培训与开发、绩效管理、薪酬福利管理、劳动关系管理这六大模块，以及自己的专业，显然是无法触动管理者的。无论人力资源如何划分模块，在管理者认知里它都只是一个模块，因为在管理者的认知中还包括研发、采购、生产、营销、财务、运营、工程、质量等其他模块。

无论你在哪个部门，只要不能为企业创造价值，就很难被管理者重视。人力资源管理者如何创造价值？首先是要让自己融入企业的生态链当中去。我在企业从事人力资源管理近二十年，幸运的是我们的人力资源部门一直都是被管理者重视的。除了管理者有着先进的认知之外，个人认为我们的人力资源团队也是非常优秀的。

我要求人力资源部门的同事主动融入各个业务部门。例如：各部门、各中心的周例会、月例会，人力资源部都会派一位同事代表其部门参加，及时回答业务部门对人力资源部门的需求，同时还可以关注到各个业务部门当下的发展动态，回来在人力资源部内部通报。

在现实的企业管理过程当中，很多人力资源工作者都无法融入各业务部门和管理者的心里。更有部分人表示：如果没有必要的事情向管理者汇报，都不会单独和管理者做深度的交流，也不会去寻找管理者关注的话题，他们认为工作就是工作，体现出自己的专业就可以了。但我认为，高效能的工作更需要有情感的交流。

让我们一起来回想一下，那些不被企业重视的人力资源工作者们是否有以下情况：

1. 缺乏勇气，不敢面对问题和管理者的质疑；
2. 缺乏思考，对人力资源的发展本身缺乏系统思考；
3. 缺乏对业务的理解，无法找到业务的支撑点；
4. 缺乏对管理者和企业战略的理解，无法找到方向；
5. 缺乏工具，在具体实际操作层面尤为明显；
6. 缺乏学习，事务性工作已经让自己分身无术；
7. 缺乏创新和变革的能力，故步自封；
…………

如果人力资源工作者缺乏企业的系统战略思维，缺乏对业务核心要点的理解，缺乏对管理者和战略的理解，那么他们的一切理论工具都将失去意义。

实例解析

有一次，我在总裁班讲课，有一位企业家学员叶总问："黄老师，我企业的人力资源负责人总是抱怨企业的变化太快，这到底是我的问题，还是人力资源负责人有问题呢？"

我问："您企业的变化太快指的是什么？从事的业务形态怎样？"

叶总回复："我们做项目投资，例如发现一个商机，我们就和别人合资成立一家企业，项目结束后这家企业就注销了，所以我们可能一年会同时成立很多的项目企业，也会注销很多的项目企业。因此，就会出现这边项目企业刚成立就需要招人，那边项目企业注销就需要裁员，所以变化确实比较快。"

我再问："您企业的人力资源负责人是什么职务？是经理还是总监？"

叶总不明白，问："有区别吗？因为我们是做项目投资的，我们企业总部规模不大，只有五六十人，都没有设职务，各部门的管理者就叫部门负责人。"

我回复："有区别，如果您把职位定位成为人力资源经理或者是主管，他提出这样的问题，您应该给予他奖励；如果您把其设定为人力资源总监或者是副总，他再提这样的问题，说明这个人就不合格，您可以考虑调整和换人。"

不同的职务定位，其功能与价值呈现就不同。经理与主管是执行层，作为执行层看到企业如此频繁地招人与裁人，他们看到了风险，已经从企业最佳雇主的角度在思考问题了，有意识地开始进行风险防范，当然应给予奖励；如果他是总监或副总，作为经营层就需要考虑到企业的经营与发展，对企业的战略方面有非常清楚的把握，并能提前关注发展趋势进行人才布局。而他问这样的问题，就说明没有提前布局，作为经营层的总监或副总，当然不合格了。

从这个案例看，人力资源部门将不再是传统的人事管理部门，而变成了产品研发机构，他们要关注企业的战略与发展、管理者与职能部门负责人对管理与人才的要求与发展趋势。

二、将人力资源部门定位为研发与营销机构

人力资源部门不再是传统的行政部门或人事部门，而是一个产品的研发机构。我在《人力资源管理笔记：HR晋级之路》一书中将人力资源的发展分为四个阶段：行政事务阶段、人事管理阶段、人力资源管理阶段、人力资源开发阶段。很显然，企业现在对人力资源管理的工作要求应处于第四阶段，即人力资源开发阶段，人力资源部门要进行职能转变，成为管理产品的研发与营销机构，如图1-1所示。

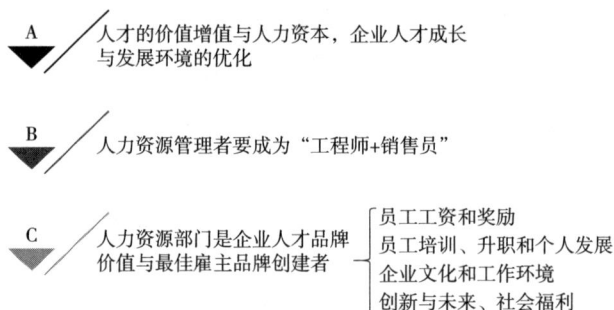

图 1-1　人力资源部门的职能转变

人力资源部门职能转变为研发与营销机构，其研发什么？销售什么呢？一方面，研发管理工具，将最符合企业人才特征的管理工具引进到企业。另一方面销售企业的文化与理念，优秀的人力资源管理体系，一定能营造和谐的劳动关系。

实例解析

2011 年，猎头推荐我去某企业担任人力资源总监，通过三轮面试后已经确定入职。最后企业负责人吴总问道："黄先生，你知道为什么录用你吗？"还没有等我回复，负责人就说："除了看重你的专业能力之外，更重要的一点就是你曾经做过劳动仲裁员。"旁边的财务总监补充道："之前我们企业的问题较多，目前还有三起劳资纠纷等着仲裁与开庭。"

我听了财务总监的话，心里暗暗一惊，但还是保持微笑问道："吴总，请问企业四个问题：第一，企业发放工资是否准时，有没有拖欠行为？第二，是否按时与员工签订劳动合同？第三，有没有给员工购买社保？第四，企业高层有没有当众对下属发火的行为？"

吴总回复道："第一，工资从来没有拖欠，在印象当中只有一次，拖欠了三天，但企业也有提前发通知说明了原因；第二，所有员工一入职就签订劳动合同；第三，关于社保，在员工通过试用期之后都有缴纳；第四，我基本不对员工发火，但是偶尔会对管理层发火，但也是在我的办公室里，不会在公众场合发火。"

我非常感谢自己遇到了一位明智的企业负责人，回复道："吴总，如果能做到这四点，在我的任期内发生劳资纠纷，将是我的耻辱。"虽然这句话当时说得有点大，但是我在该企业工作的四年多时间里，除了开始提到的那三起劳资纠纷，再也没有新的发生。

为什么呢？我在企业任职时，很注重通过文化理念去引导员工的行为与价值观，引导员工共同遵守的规则。我在企业做人力资源负责人时，每年都会重复讲三门课，分别是：廉政建设（注重心灵的美与高尚）、职场人的商业价值（企业与员工彼此依赖的商业价值）、职业规划（打造个人职业品牌）。

我们开展任何一项工作，都要想到如何去为企业创造价值。例如上面提到的案例，将劳资关系维护好，也是在为企业创造利润。

第二节 人力资源如何理解企业战略

企业战略管理，其实是一件非常简单的事情，就是明确企业现在处在何处，未来要到哪儿去，如图 1-2 所示。

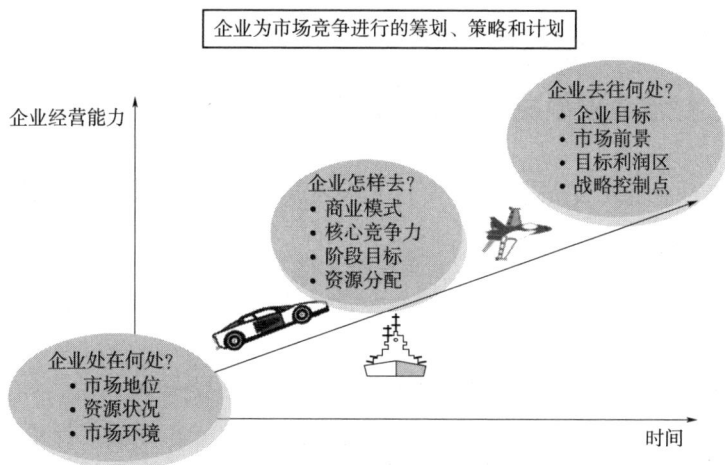

图 1-2 企业战略路径图

人力资源需要明确企业当前所处的位置，包括市场定位、企业资源状况、经营的市场环境等。同时，还需要考虑企业5年后或10年后要达到的规模，并重点关注企业的战略目标、利润目标及可控因素。可以通过与企业负责人进行沟通后，以现状规划未来的愿景，找到当下最佳的实施路径。

人力资源管理者进行战略理解时，需要明确以下六个问题：

1. 企业的战略是什么？

2. 企业的业务目标是什么？

3. 影响企业实现战略的现实问题是什么？

4. 影响业务目标达成的途径与主要贡献是什么？

5. 企业实施变革的方面在哪里？

6. 企业负责人 / 业务负责人的切肤之痛是什么？

第1～2个问题是企业的未来在哪儿？第3～5个问题是我们实现战略目标的过程；第6个问题是当下最需要解决的问题。明白了企业的战略目标、业务目标及我们实现的路径就是变革的方向，这就是思考战略的逻辑关系。如果只思考战略，只想变革，行不行？当然不行，一定要了解战略背后的关注点，有管理者的需求点，业务的价值点，人力资源的工作才有意义。清楚了逻辑关系，再开展人力资源工作，就能做到正本清源。

一、把握企业战略规划的关键三步骤

在进行企业战略规划时，我们可以遵循三个关键步骤。下面以给某企业梳理五年战略目标为例。

1. 先通过与董事会交流，制定出2025年的战略大目标，再交给经营团队细化，如图1-3所示。

2. 通过商业画布盘点经营团队的经营能力，具体见表1-1。

3. 执行团队的年度布局重点计划（请附20××年度重点计划），具体见表1-2。

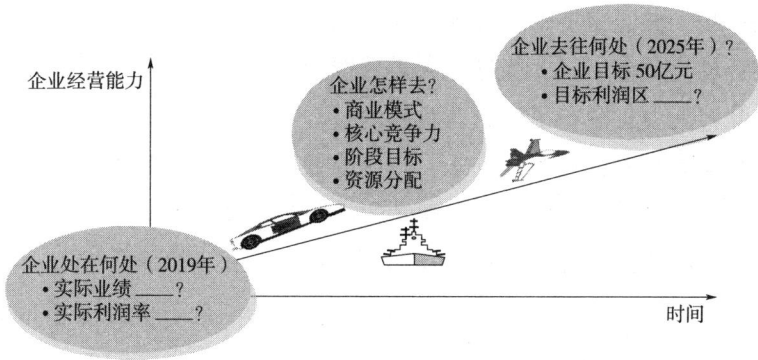

图 1-3　企业战略路径的起点与战略目标

表 1-1　商业画布

重要伙伴	关键活动	价值主张	客情关系	客户细分
	核心资源（优势）		商业渠道	
成本结构			收入（资金）来源	

表 1-2　年度布局重点计划

年度	20××年					20××年				
要点	人才布局	资金规划	市场格局	经营节点	年度目标	人才布局	资金规划	市场格局	经营节点	年度目标
分析规划										
备注										

注：上一年度的总结分析，下一年度为规划要案。

9

这样我们就非常清晰地知道企业的未来在哪儿，人力资源负责人只有明确企业的发展方向，才能进行人力资源的规划与布局，从而更加从容应对。因此，人力资源在了解企业经营的过程中，必须先关注经营环境主要的战略趋势有哪些。例如，处于广州的企业，人力资源要不要关注"粤港澳大湾区"这个概念呢？当然是要关注，因为粤港澳大湾区是我国新经济形势的重要哺育地，要思考对自身的企业有什么样的影响，在这种影响下企业的战略方面有哪些调整，企业如何在战略趋势之下保持良好的发展之势，企业的组织力如何保障，最后才是思考自己的专业，即人力资源管理体系如何设计。

如果用平衡积分卡的战略地图来看，我们必须要关注财务指标：对企业股东价值的贡献，为了保障股东的价值，我们在财务维度上要做到：人力资源最大化，人力成本最小化。人力资源最大化，包括商业伙伴的战略性支持，建立健全的组织和竞争能力；人力成本最小化，即关注与提升员工的职业技能、道德素养和领导力，构建低成本的优质供应商。

人力资源战略和企业的经营紧密相关。企业在选择竞争策略时，可以采取廉价策略、优质策略、创新策略等。例如，拼多多平台上的产品普遍较便宜，薄利多销，是以廉价策略为主；珠海格力电器股份有限公司（简称格力）强调"好空调，格力造""格力把握核心技术"，是以典型的优质策略为主；华为技术有限公司（简称华为）的产品几乎每三个月迭代一次，以创新策略为主。不同的策略，其企业文化（企业精神、经营理念、行为方式）均会有所不同，那么我们在设计人力资源策略时也会有所不同。

人力资源管理者不要单纯的谈人力资源，而是要谈业务中有哪些工作是人力资源可以做的。前面写到了人力资源如何关注企业战略，那么实现企业战略的过程就是人力资源需要参与的内容，要考虑以下三点。

1.为了实现战略目标，在业务目标实现的途径中包含哪些人力资源工作？

2.途径中有哪些困难点，这些困难解决的过程中包含哪些人力资源工作？

3.解决困难的办法是什么，在这一过程中，人力资源又应如何协助业务部门实现突围？

实例解析

某企业 2025 年的业务目标是增长 20%，那么如何实现这个增长呢？在这个过程中人力资源能做什么？应做什么？可以参考以下三点。

1.老客户在维持稳定的基础上增加业绩量，就保存量做增量。为了保存量做增量，业务人员有没有辅导客户做增量的能力（培训），保量做增量过程中，产品是否能支持到位（研发人才能力盘点与开发）？

2.需要加大市场的开发力度，那么市场人员的人手够不够（招聘）？

3.如何更有效地保障员工的激情与动力（绩效考核）？

业务部门的每个关键绩效指标（key performance indicator，简称 KPI）和措施背后都可能找到对人力资源的需求，以及确定人力资源的工作内容。

二、人力资源深度理解企业战略的四个"触角"

企业战略的四个"触角"分别如下：

（一）基于管理者想法，高于管理者想法

企业的战略来源于管理者对事业板块的扩张需求，所以对战略的理解肯定是来源于管理者的想法。但很多时候，管理者的想法是非常模糊，或者是虚幻的，要想实现这个战略，就需要将管理者的想法落地化、现实化、具体化，也就是说能够让它可执行，即高于管理者的想法。

（二）思考企业和业务问题，而非人力资源问题

作为管理者在考虑事务的时候，要尽可能地考虑对企业有什么影响，对业务有什么影响？再考虑如何转换到人力资源的工作上来，如果只是为了规范而规范，对企业的经营发展将毫无意义，企业如果不能生存，那么一切的规范都等于 0，所以人力资源管理者必须要从企业生存与发展的角度

来考虑问题。

（三）第一时间明确问题所在

人力资源部门是一个内勤部门、辅佐部门、服务部门，很难冲在第一线。因此要想真正发挥价值，就需要做到面面俱到，随时随地了解企业的所有问题，第一时间明确问题所在并想好对策，不要等到问题出现了，部门负责人来问，再去了解详情，那么这就显然是对企业的关注度不够，将无法成为负责人心中的核心人才。这就好比《西游记》中的孙悟空，在任何时候，只要唐僧有难，都会潜意识喊出孙悟空的名字一样。不管别人问什么，你都要能明确事态并及时回复，尤其是团队成员中的事情，否则就是失控状态，别人就会对人力资源部门失去信任。

（四）成为第一参谋、第一行动者

我在《一个人力资源总监的管理笔记》这本书里面提到，人力资源是扮演参谋的角色，在企业负责人对企业战略、中高层人员调整的时候都会想到，人力资源从人才能效的角度给予参谋和意见，并及时地参与到行动中来。例如，企业负责人对高层进行薪酬或职务方面做调整时，需要找人力资源负责人进行分析与协商。业务部门负责人需要对下属薪酬或职务方面做调整，应先和人力资源负责人协调一致后，再给企业负责人签批。

2012年，我在某企业做人力资源总监，在读研究生期间，同学们到我所在的企业参观交流。当我谈到自己的日常工作时，我说我有1/3的时间给到企业管理者，时刻与管理者交流，了解企业的战略发展和管理者的想法；1/3的时间给到业务部门，了解业务部门当下的业务状况与人力资源关联性；还有1/3的时间给到行业协会和培训机构，这样我可以了解到市场最新的发展趋势和行业的最新动态。

带着管理者的需求和思维与业务部门交流，能够很快解决业务部门对人力资源的需求；带着企业的发展和动态需求去和培训机构行业协会交流，可以了解到我们企业的优势和劣势；带着培训机构和行业协会的动态与最新趋势同管理者交流，帮助管理者加深对行业的认知，对于管理者来说既多了一个信息源，又找到了共同的话题。

第三节　基于战略的人力资源管理原理

我们可以简单地把企业分为三个阶段：第一个阶段——资本积累阶段；第二个阶段——市场竞争阶段；第三个阶段——知识（智本）经济阶段。每一个阶段，其管理都会有比较大的差异。

一、资本积累阶段

企业在创业阶段，人力资源管理以管人为主，一切都是简单而直接的，没有考核与开发的环节，大多数企业的人力资源管理都处于行政事务阶段。其流程是相对无序的，管理以上下级之间的垂直管理为主，组织结构相对单一。

二、市场竞争阶段

企业经历过了原始的资本积累，通常已在市场上打拼过 2 ～ 3 年，产品的质量不错，这时需要市场推广。企业开始进行有组织化的管理，有清晰的职能部门划分，人力资源管理以用人为主，没有时间培养与管理，常以招聘能人（技能成熟，自带客户与流量）为主。能用则留，不能用则直接快速淘汰，很多企业处于大量招聘人才、大量淘汰庸才的阶段。企业可能出现能者多劳，但多劳者并没有多得的现象。

三、知识（智本）经济阶段

将人才作为智力资本来开发使用。例如，优秀的企业开始走进校园，和校方签订开设企业定制班，或直接与学生个人沟通，从大二或大三开始就签订合作协议，为学生提供实习机会，毕业之后提供就业机会。提前将企业的文化理念、产品结构灌输到人才的学业和思维当中。企业的管理强调互动、尊重、平等。上下级之间清晰，权责利划分得比较合理。流程强调分工合作，组织架构相对扁平化。企业不同阶段的用人差异见表 1-3。

表 1-3　企业不同阶段的用人差异

维　　度	资本积累阶段	市场竞争阶段	知识（智本）经济阶段
人　　事	管人才	用人才	开发人才
级　　别	权力、服从	平等 （相互制约）	互动 （下级只有一个领导）
流　　程	无序	堆积、组织化 （能者多劳，收益不多）	分工合作
组织结构	上下级 垂直管理	职能（功能）式 设分管领导（设职族）	扁平化 矩阵式、项目制、灵活

　　我们偶尔会听说某董事长、总经理就是一个"打杂的"，那就说明其企业还处于资本积累阶段。企业负责人没有太多的资金雇佣人才，无法做到一人一事一岗，所以企业总经理一人身兼多职，很多事都需要亲自做。当企业处于市场竞争阶段时，还需要总经理亲自去跑市场、跑业务，甚至还充当了司机的角色。

　　例如，某企业在创业之时，地址位于广州某批发城，企业负责人需要自己开车去深圳和东莞拿货，回来自己把产品上架、信息录入电脑、门面挂展、销售、打包、送货。每天他担任的角色有哪些呢？司机、采购、销售、仓管、出纳……

　　不同的阶段，人力资源干不同的工作，要学会与企业的不同阶段共进退，做到循序渐进、长袖善舞。如果企业在资本积累阶段，人力资源天天强调要流程、要规范、要标准，建议企业负责人做些具体的事，不要接投诉电话、不要去跑市场，那就是还不清楚企业的定位。企业不同阶段的管理分工见表 1-4。

表 1-4　企业不同阶段的管理分工

维　　度	资本积累阶段	市场竞争阶段	知识（智本）经济阶段
董事长角色	劳工领袖	组织领袖	精神领袖
总经理角色	打杂工	司机	教练
利益分配	均摊	承包制、财务指标 不公平性、掠夺性	平衡考核 战略目标为导向

维　度	资本积累阶段	市场竞争阶段	知识（智本）经济阶段
人才任用原则	选贤举能	任人唯能	任人唯贤
人才流动取向	掌权	掌握经济权、争当管理者 注重管理权	责、权、利对等 前两者优势的组合
干部评定标准	个人好恶	干活、效率高	效益岗位制定

　　同一职务，在不同的阶段需要干不同的活，要学会分析企业的商业环境，有针对性地进行角色定位，并清晰地区分出来。人力资源管理者要明白企业的发展阶段，了解自己的角色定位。

实例解析

　　广东某家做护理服务业务的企业，企业办公室人员只有20余人，一线护工和安保人员约有200人。总经理即创始人，大部分时间需要经常到现场处理业务。企业负责人通过朋友介绍一位人力资源经理过来，当时这位人力资源经理想请我给总经理带句话："我有好多年没做基层工作了，做不了'搬砖'的活，只能帮企业做规划，具体的细节处理可以再找个助理。"当我听到这句话时，便知道这个人力资源经理在企业里无法有效地发挥出价值。

　　基于战略的人力资源规划除了考虑外部竞争要素外，还要考虑企业的内部优势。你的竞争优势是什么？你的核心竞争力是什么？

第四节　构建"四大支柱"的人力资源管理体系

　　企业战略需要从宏观环境、竞争对手、产品与服务能力、产品与研发能力、营销能力、售后服务提供能力等多维度进行综合思考。战略引导企业的人力资源规划需要思考几个方面，即企业人力资源的现状如何？如何获取企业所需要的人才？内部人才成长的潜力及人力资源体系的定位。

企业的战略需要对应的人力资源体系来保障。好的人力资源体系将为企业提供健康的运营平台。从战略顶层思维设计，我们需要考虑以下三个问题。

1. 战略意图：我们希望达成什么目标？

2. 组织能力：我们需要哪些组织能力？

3. 共享心智：我们希望客户如何看待企业？

以上三个问题，是企业中高层管理者需要思考的问题，属于企业战略的顶层设计，如果这些顶层设计没有明确，则等同于企业没有自己的目标与航向，很容易失去方向。

那么企业的底层是什么呢？是领导魅力。领导者的个人信誉是否使其能成为一个真正的变革推动者、倡导者；中层有没有组织能力，将企业高层的想法与思维在企业有效推动？

企业若没有明确的顶层逻辑，则外部专家说什么都认为是对的，不清楚底层逻辑，则内部员工做什么都是错的。顶层与底层逻辑明确后，中间的"四大支柱"，即胜任力、绩效管理、组织治理、变革能力，就是人力资源体系的四大专业工具。

一、胜任力

为了实现战略，我们需要提升哪些胜任能力？

1. 人员配置。

（1）流入。

（2）晋升。

（3）流出。

2. 学习发展（培养）。

（1）从胜任力到结果。

（2）从个人到团队。

（3）从有界限到无界限。

（4）从"中看"到"适用"。

（5）从一般管理到流程。

二、绩效管理

为了实现战略，我们需要建立什么样的标准，达到什么样的结果？

1. 我们想要达成什么标准？

2. 我们该如何衡量结果？

（1）行为 + 结果。

（2）个人 + 团队。

3. 我们如何根据绩效给予报酬？

（1）经济性报酬。

（2）非经济性报酬。

三、组织治理

为了实现战略，我们需要如何进行组织设计？

1. 关注流程而不是层级。

2. 消除界限。

（1）纵向界限。

（2）横向界限。

（3）外部界限。

3. 构建有效的沟通机制。

（1）借助媒介传递信息。

（2）制订沟通计划。

（3）让员工参与、授权管理政策（安全、健康、用工）。

四、变革能力

为了实现战略，我们有没有能力运作相应的工作流程并实现再造？

1. 识别流程。

2. 选择最佳流程。

3. 简化流程。

4. 梳理变革所需能力，并提升学习能力。

5. 创造有影响力的观点。

6. 提炼出有影响力的观点。

第五节　战略人力资源体系的核心框架

战略人力资源的核心需从企业的经营战略出发，以达成企业业绩为导向的共识，即所有的人力资源动作都是围绕业务活动展开，具体内容包括以下八点。

1. 人力资源总计划：人力资源总原则、总方针、总目标。

2. 职务编制计划：组织结构、职务设置、职务描述、任职资格。

3. 人员定编计划：人员数量、人员职务变动、人员职务短缺数量。

4. 人员需求计划：需求的职务名称、需求的人员数量、人员到达岗位的时间。

5. 人员供给计划：内外部人员供给的方式、人员内部流动政策、人员外部流动政策、人员获取途径、人员获取实施计划。

6. 培训计划：培训需求分析（目标 / 目的）、培训课程内容、培训形式、培训考核与管理。

7. 人力资源策略调整计划：调整原因、调整步骤、调整范围。

8. 人工成本计划：工资计划、奖金计划、福利计划、保险计划。

一、企业人力资源规划的内核

从企业的核心能力出发，分析出企业职类、职种、职位等基础性工作。规划工作包含以下七个方面。

1. 组织设计原则。

（1）职能部门设置原则。

①职能归属合理。

②工作流程明晰。

③权限责任明确。

④运作有序高效。

（2）职位分类的原则。

①职位划分合理。

②职位设置科学。

③职位名称规范。

④数量等级清晰。

⑤工作任务饱和。

（3）职位定编的原则。

①生产、制造职位——设备或产量。

②市场、销售职位——任务的效能。

③科研、开发职位——项目或投入。

④技术、服务职位——效率的定编。

⑤管理、职能职位——以比例定编。

在组织实践中，某个职能部门如果对于企业的战略影响特别重要，那么该职能部门在组织设计过程当中，原则上其行政级别要高半级至一级。

例如：以市场规划为主导的企业，市场部负责人就应该比生产、销售、人力、财务等部门的负责人级别要高一级。如其他部门是经理，那么市场部负责人的职务应该是总监。

2. 企业编制设计，如图 1-4 所示。

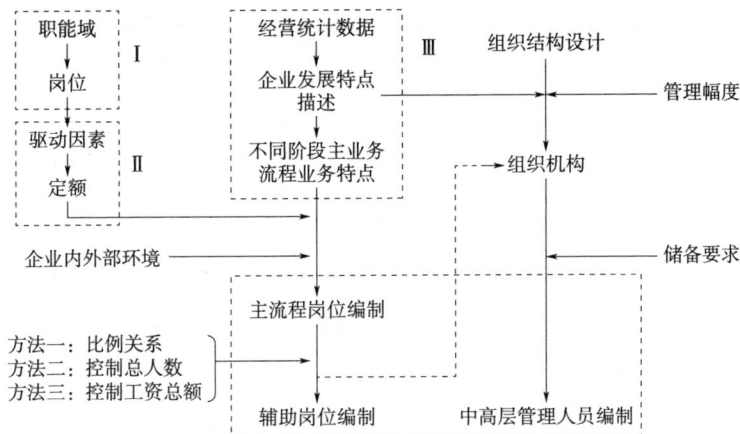

图 1-4　企业编制设计图

3. 职位分析技术路径，如图 1-5 所示。

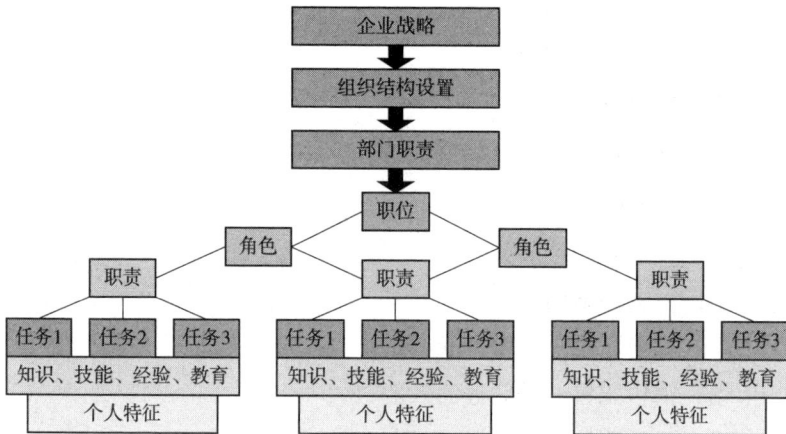

图 1-5　职位分析技术路径图

作为人力资源管理的落脚点，职位分析的本质是完成组织结构在微观层面的细化，明确职位职责和管理关系，尤其是将组织职能自上而下地落实到职位和具体职责上。职位的产生由企业战略规划和业务流程决定，不因人设岗，更不因各业务单元需求的变化无约束地膨胀。

4. 任职资格标准，如图 1-6 所示。

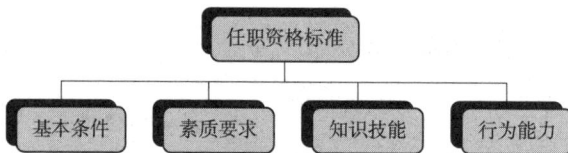

图 1-6　任职资格标准图

任职资格标准是一种新型的标杆式管理与知识管理工具，对每个职位的从业人员所需要的素质、工作行为、知识技能都作出了具体、明确的标准与要求，并分成若干不同的等级。员工若想从事某级职位工作，必须通过学习、培训来提高自己的能力，以达到相应的任职资格等级。通常我们通过关键任务分析任职资格，要注意以下两点。

（1）关键任务是职位在组织中所承担的工作内容，对组织有独一无二的价值，关键任务会随着企业对职位定位的不同而发生改变；

（2）晋升通道会随着工作任务的扩展及工作内容的复杂程度而增加。

5. 员工培养流程，如图 1-7 所示。

分析培养主题
确定培养目标 ⇒ 明确培养方式 ⇒ 设计培训频度
及培养周期 ⇒ 结构化培养内容
输出培训地图

图 1-7　员工培养流程图

通过员工培养流程图，员工可以看到自己成功的目标及通向成功的路线。在图中，知识、技能等培养内容被清晰、有序地标识出来。同时根据培养内容的特点，也标注了培养目标、最佳的培养方法、培养资源的配置和培养效果测量的标准，以及不同阶段的里程碑。培训部门只需要将这些内容同员工现状进行对比，就可以准确地识别出员工的培养需求。

二、战略人力资源规划常用工具

如果不深刻理解企业的战略，就无法进行战略人力资源规划。在构建战略人力资源体系时，企业可以运用以下四个工具进行自我盘点，并请核心业务部门负责人一起校正，与总经理进行交流研讨，确保企业战略不会走偏。

1. 工具一：企业及部门定位调研，见表 1-5。

表 1-5　企业及部门定位调研表

问　　题	结　　论
我的职责是什么	
我的优势是什么	
我能提供什么产品	
我的客户是谁	
我的价值是什么	
我如何与客户合作	
我的定位是什么	

注：股东（高管：副总经理及以上）填写企业层面的；股东（中层：经理、总监）填写个人部门及企业层面的；非股东（中层：经理、总监）填写个人部门的。

2. 工具二：管理成熟度目标规划，见表1-6。

表1-6　管理成熟度目标规划表

1. 产品目标（副总经理及以上、研发管理层、营销管理层填写）		
产品分类	精准产品分类	指一个事业部，只有一个产品作为最核心的销售产品
	前端产品	用于开发客户数量
	后端产品	用于增加销售额与利润
	解决方案与交钥匙工程	指企业为客户提供从整体产品交付到系统安装、使用培训、增值服务等一条龙解决方案式产品系统
	工程招标产品	指从搜集客户、分析有效客户、评估客户决策人、个性化公关、进行招标与成交、产品交付与培训、服务与转介绍的过程
新产品研发	步骤	（1）客户需求与战略分析 （2）产品策划与测算 （3）方案即销售文案 （4）试销与正式形成方案
	新产品销售占比	指新产品总销售额占所有产品销售总额的销售比例
产品标准化	指将产品说明、文字、合同、标准手册、宣传文档等，进行标准化的过程	
产品专利与著作权	指对企业的产品技术进行专利申请，对商标进行著作权申请	
2. 系统建设目标（股东填写）		
需建立的系统	□战略系统　□组织系统　□营销系统　□企业大学系统　□生产系统 □招商系统　□财务系统　□产品系统　□其他系统 _____	
企业系统	产品系统	
	营销系统	
	组织系统	
	财务系统	
	战略系统	
系统建设考核要求		

续上表

3. 人才与培养目标（经理及以上管理层填写）				
企业关键人才培养规划		批　次	岗　位	负　责
	第一批关键人才	首席执行官（CEO）		负责企业全面战略执行，目标达成、核心人员培养 负责培养：子公司总经理、企业核心营销/研发管理者、核心研发讲师
		首席技术官（CTO）		
		首席运营官（COO）		
		首席财务官（CFO）		
		首席战略官（CSO）		
		首席人力资源官（CHO）		
		……		
	第二批关键人才	根据企业销售目标、利润目标，确定引进人才与培养人才的规划		

第二批关键人才部分的细表：

关键岗位	编制	来源		核心技能
		引进	培养	

培训内容与形式部分：

培训内容与形式	培训类别	企业文化	管理系统	关键技术
	培训形式	□早会　　　　　　　□夕会 □总经理会议　　　　□管理会议 □专项岗位训练营　　□榜样培训 □其他形式		
	培训师训练	培训师来源： □管理人员　　　　　□人力资源部人员 □企业高层　　　　　□其他人员		
	年度培训计划（请附表）			

3. 工具三：利润目标规划，见表1-7。

表1-7 利润目标规划表

1. 企业销售目标		
企业销售额目标	销售额	
	预收款	
	动销比	
	呆账率	
	人均销量	
	前端产品销售数量	
2. 企业成本管理目标		
企业成本管理目标	办公室成本	
	生产成本	
	销售提成成本	
	税销比	
	预算误差率	
	销售公关费用	
	管理费用率	
	研发成本	
3. 企业市场管理目标		
市场分类	金标市场（利润主力军）	
	蓝标市场（未来市场）	
	绿标市场（整合资源市场代理商）	
	黄标市场（宣传市场）	
	黑标市场（规避市场）	
市场考核	**直营市场考核**	
	销售额	
	前端产品销售量	
	达标团队数	
	利润率	
	代理市场考核	
	团队规模	
	销售额	
	一次性进货量及次数	

4. 工具四：企业经营管理水平 12 项评估，见表 1-8。

表 1-8　企业经营管理水平 12 项评估表

1. 销售管理							
参　数	简　介	0分	1分	2分	3分	4分	5分
销售漏斗运用	销售团队运用销售漏斗跟踪检查订单						
销售预测精确	销售预测精度与销售人员的业绩挂钩						
销售人员素质	销售人员均接受过正规的专业训练						
销售渠道质量	销售渠道规划合理，监控措施到位						
业绩提成计划	通过利益驱动的制度来鼓励销售人员						
预防串货制度	有严格的规章制度和串货处罚措施						
销售指标设计	基于市场、竞争、历史，合理设置指标						
市场信息反馈	及时将各地的市场动态反馈给市场部						
2. 品牌定位							
参　数	简　介	0分	1分	2分	3分	4分	5分
视觉形象（VI）设计理念	VI 设计体现了品牌的文化和内涵						
品牌定位口号	品牌有通俗易记、差异化的定位口号						
产品促销活动	每次产品促销活动都有主题、有考评						
独到价值诉求	站在客户立场上提炼出来独特的客户价值						
品牌诞生故事	能清楚地告诉目标客户品牌源自哪里						
产品外观形象	产品外观形象与品牌的定位风格一致						
战略一致性	品牌定位与企业战略保持高度一致						
品牌延伸维护	品牌的延伸有明确的规范、边界和审核						
3. 市场营销							
参　数	简　介	0分	1分	2分	3分	4分	5分
统一说辞设计	为每个产品提炼出来统一的销售说辞						
样板市场开发	有成功的样板市场来打消客户的顾虑						
销售工具开发	为销售人员提供非常实用的销售工具						
销售渠道培训	定期对销售团队成员进行系统培训						
市场调研分析	定期对选定的目标市场进行调研分析						
产品定义体系	有完善的新产品创新流程和产品定义						
竞争对手分析	对主要竞争对手有深刻的理解和掌控						
口碑营销传播	能充分利用口碑效应来传播品牌优势						

续上表

4. 客户体验							
参　　数	简　　介	0分	1分	2分	3分	4分	5分
客户利益导向	基于利他的理念来设计产品和服务						
人员素质形象	有一支训练有素、专业敬业的员工队伍						
产品展示体系	从感性和理性两个角度向用户展示产品						
企业网站设计	有一个体现企业特点、简单实用的网站						
客户参观路线	有标准化的客户参观路线和介绍用语						
企业领导形象	企业领导形象由专业设计人员指导咨询						
客户回馈机制	有完善的客户沟通体系和信息反馈机制						
客户投诉处理	有完善的客户投诉处理与跟踪检查体系						
5. 领导艺术							
参　　数	简　　介	0分	1分	2分	3分	4分	5分
企业远大理想	员工清楚地知道管理者的远大理想与抱负						
管理团队素质	有一支训练有素、团结一致的管理团队						
团队执行力	基于利益驱动原理来提高员工的执行力						
战略规划设计	企业上下认同战略规划与设计的价值						
管理者个人情商	管理者懂得如何凝聚人心，经营人心						
授权审批制度	企业有明确的授权、审批、监督制度						
平衡计分卡	企业善用平衡记分卡来兼顾效率与稳定						
科学决策机制	企业通过决策委员会来减少决策风险						
6. 采购管理							
参　　数	简　　介	0分	1分	2分	3分	4分	5分
技术采购把关	有专业的技术人员参与供应商筛选工作						
材料品质检测	用标准化的流程进行来料品质抽样检测						
供应商审计	有严格的规范，定期对供应商进行审计						
战略联盟体系	与主要供应商建立互利战略联盟						
供应商筛选	按照综合考评体系对供应商进行筛选						
安全库存制度	企业有严格、规范的安全库存制度						
采购成本控制	通过减少元素来实现规模经济采购效益						
物料编码体系	有一劳永逸、简单实用的物料编码体系						
7. 研发设计							
参　　数	简　　介	0分	1分	2分	3分	4分	5分
模具设计水平	根据品牌定位选用高品质的模具设计						
设计奖励制度	根据产品销量对主设计人员进行奖励						
检测与试产	研发团队对新产品检测和试产负责						
产品研发流程	根据产品定义、按照标准化流程设计						
产品平台规划	通过平台设计来提高质量、缩短周期						
生产制造支持	指导生产部门按照设计要求安排生产						
项目管理体系	有完善的项目管理体系监控开发进度						
专利技术申报	善用专利技术来保护创新，建立壁垒						

续上表

8. 生产制造							
参 数	简 介	0分	1分	2分	3分	4分	5分
仓储物流管理	有现代化的仓储物流管理体系做支撑						
外包生产管理	有专职人员负责产品的外包生产协调						
小批量试产	积极配合研发部门进行新产品试产						
产品合格率	用利益驱动机制来提高产品合格率						
现场 5S①管理	在生产制造区或全面推进 5S 管理体系						
加工工艺体系	所有产品的加工工艺均有标准化文件						
安全生产管理	有严格的规范和制度确保安全生产						
生产计划安排	根据订单组织生产计划，确保交期						

9. 员工激励							
参 数	简 介	0分	1分	2分	3分	4分	5分
企业政治氛围	企业内部没有帮派体系和复杂的人际关系						
企业愿景规划	每一位员工在入职时都清楚企业的愿景						
员工晋升通道	企业有科学的员工晋升通道和级别体系						
员工满意度	每年进行员工满意度调查，及时发现问题						
交流沟通途径	通过制度确保最高层能听到员工心声						
薪酬福利制度	用富有竞争力的薪酬福利制度留住员工						
职业生涯规划	各级管理人员帮下属完成职业生涯规划						
兼顾工作生活	企业提倡工作与生活两不误，限制加班						

10. 人才管理							
参 数	简 介	0分	1分	2分	3分	4分	5分
岗位责任书	每位员工均有明确的岗位责任书						
员工招聘流程	面试小组成员遵循严格的规范和流程						
员工退出壁垒	基于利益驱动来建立员工退出壁垒						
标准工作流程	各个职能均关注标准化的工作流程						
员工培训体系	针对各个层次的员工均有系统的培训						
管理梯队建设	企业实施管理梯队建设和接班人计划						
年度考评制度	所有管理者每年都给直接下属做考评						
评比管理制度	用严格的制度进行交叉考评，防止偏袒						

11. 运营管控							
参 数	简 介	0分	1分	2分	3分	4分	5分
质量管理体系	推行严格的质量管理体系，确保工作质量						
职业道德规范	所有员工均签署严格的职业道德规范书						
环境、健康与安全（EHS）管理	企业在各个环节强化环保、健康、安全管理						
应急预案设计	提前对可能发生的各种意外并做好预案						
知识管理体系	用知识管理减少重复劳动，避免失忆						

---

① 5S 是整理（seiri）、整顿（seiton）、清扫（seiso）、清洁（seiketsu）和素养（shitsuke）的缩写。

续上表

11. 运营管控		0分	1分	2分	3分	4分	5分
参　数	简　介						
内部审计制度	推行严格内部审计制度，确保健康运营						
信息系统管理	建立完善信息化系统，提供决策的依据						
研发记录本	通过科研记录本防止技术人员带走技术						

12. 财务管理		0分	1分	2分	3分	4分	5分
参　数	简　介						
利润规划设计	根据品牌定位对企业的利润率做出规划						
固定资产管理	对企业各种固定资产进行合理规划						
产品定价原则	建立标准化的模板便于业务部门定价						
成本核算体系	通过完善的成本核算体系指导业务部门						
管理报表制度	每月给各级管理人员提供财务管理报表						
审批矩阵设计	每年发布一次管理人员签字权限矩阵表						
现金流管理	通过预警机制确保企业拥有足够的现金流						
融资渠道规划	根据业务发展规划进行多渠道融资						

企业经营管理水平测评总表			
序　号	参　数	综合定性评价	平均得分
1	销售管理		
2	品牌定位		
3	市场营销		
4	客户体验		
5	领导艺术		
6	采购管理		
7	研发设计		
8	生产制造		
9	员工激励		
10	人才管理		
11	运营管控		
12	财务管理		

注：5分—与同行业竞争对手相比遥遥领先；4分—与同行业竞争对手相比略有优势；3分—与同行业竞争对手相比基本相当；2分—与同行业竞争对手相比略有劣势；1分—与同行业竞争对手相比远远落后；0分—还没有意识到此问题的重要性。

第二章

以经营为导向的人力资源规划

在企业的经营发展中，人力资源管理起到了无可替代的关键作用。企业要切实提高自身在商业竞争中的实力，就必须针对企业人才的能力进行盘点、定标、对标、开发、培养与运用。企业在进行人力资源规划的过程中需明确企业经营本质中的两个核心要素：对外经营客户，对内经营员工。

客户需要我们用心维护、用心经营，企业内部的员工同样需要我们用心栽培、用心激励。在经营人才方面，我们可以与经营客户一样用同等的方法与要求，注重以结果为导向，以可量化的数据为依据。

在做人力资源规划的过程当中，人力资源规划者的头脑中应时刻都有一根弦：如何为企业创造更高的人效？经营人才是企业投资成本中最低的一项，优秀的人才能为企业带来无限的价值。

第一节　企业家的分类

谈及人力资源管理的话题，我们自然会关注到企业家的分类。在众多分类中，较常见的是将企业家分为三个类别，即技术型、销售型和用人型。

一、技术型

技术型企业家，其企业核心创始团队拥有一项自己的核心技术，该技术决定了企业的寿命。很多中小企业的管理者是设计师或工程师，产品就是自己的孩子。随着时间的流逝和社会的发展，企业家个人思维理念发生变化，随之而来是影响其产品的设计风格，如果企业家的思维没有跟上时代，产生一定的代沟，那么企业极有可能逐渐被市场淘汰。

实例解析

我曾经给一家做电饭煲的创业企业辅导，管理者原来是某品牌企业的产品设计经理，但是随着年龄的增长，在企业里面的晋升越来越无望。他考虑到自己有良好的产品设计能力，也有很多客户认同，于是就出来自己创业做了一个小品牌。开始的前两年非常顺利，第三年的营业额就突破了 4 000 万元。但之后就遇到了瓶颈，一直在 4 000 万元徘徊了三四年。

企业遇到瓶颈，在我们看来是非常正常的。刚开始创业时，那些老客户是相信他的设计能力，且价格比原有的企业低 50%。但如果产品一直没有跟上时代与创新，那么其自然很难再有新的突破和增长，这与他在大品牌企业升职无望是一样的。

我给他的改善思路是：重新调整自己的定位，将自己定位成为一个企业家，而不再是一个设计师，设计只是企业经营中的一个带动点。

二、销售型

销售型企业家掌握着客户资源，有很多人是原来在中大型企业做营销总监、营销副总等高管出来自己创业的，因此他们有良好的资源。但是如果一直只靠自己的资源，那么企业能走多远呢？

实例解析

广东某地级市一家企业，已有 30 余年的历史，企业负责人 62 岁。企业家本人很有人格魅力，当年亚运会他曾是该市的第一火炬手。在当地算是较大的一家企业，集团公司下属共有 43 家分子公司，其产业包括：房地产、畜牧业、屠宰、森林种植、酒店、养生酒、政府业务外包等。当前企业所有副总级别及以上的高管都是和企业负责人从创业期一起走过来的，平均年龄在 61 岁。

当下除与政府相关项目有良好盈利之外，自身的一些业务项目基本处于亏损或者持平的状态。企业的发展基本就靠创始人的朋友圈，随着高管们年龄的增长，之后没有资源该怎么办？

我们对高管们进行了体系化的培训，并针对发展需求进行了交流。通过近一年的时间与高管们反复沟通才达成共识，适当放手培养继任者，在创业高管们慢慢放手培养继任者的这两年里，企业的活力明显增强。

三、用人型

用人型企业家既没有技术，也没有客户资源，但是他能将人才用好。任正非将企业家分类后，进行了自我对标："我既不懂技术，也没有客户基础，但我能将人才用好。"华为的创始人任正非即属于第三类企业家。

一位成功的企业家，要懂得去运用人才。从企业经营的角度来看，企业要资源、要技术、要市场，这些都很重要。但如果一直只靠企业家一个人，行不行？显然是不行的。在所有的资源中，人力资源是最积极、最活跃、最主动的。因此，我们可以说人力资源管理就是企业管理的核心与重点，企业管理的本质其实就是人力资源管理。因此，要想管理好企业，第一要务就是要善于激励内部员工。

实例解析

安徽某快餐品牌中高层管理者面对企业经营困境。主动联名写信给企业负责人，要求无薪共渡难关，但企业创始人束老先生手撕降薪信，他表示卖车子、卖房子也要保证大家的正常收入，并强调没有工作干，不能正常开业，也要正常发工资。这样的激励与大爱，员工纷纷被感动并全力以赴投入到工作中。

束老先生这样做的行为背后体现的是什么？是一个企业家的精神与使命，企业家的使命之一就是有责任和义务来保障员工的生活。员工追随你，要的就是一份被认同、被尊重，哪怕外面的环境再恶劣，在企业里都能有安全保障的工作环境，这一点，束老先生做到了。

实例解析

2020 年，我听一位在大健康企业做人力资源总监的朋友说，该企业负责人借客观环境的不利因素要求他想办法将员工的工资降20%～30%。我那位朋友表示先找几个中高层管理者沟通一下这件事。中高层管理者在听到这个信息之后，没有人不嘘唏，心都凉了。因为在客观环境不利时期，企业并没有受到影响，没有危机、也没有困难，员工还在加班加点搞生产。实际上，企业的营收一直以来都非常不错，在全国购有七十多所自持物业。

由于客观环境因素特殊性，企业的中高层管理者虽然接受了这次降薪，但随着大环境的好转，从 5 月开始就陆续有中高层管理者离职。降薪虽然节省了几百万元，但大批量的中高层管理者离职，产生的损失远远不止节约的那点薪酬费用。

可能有人想问，该企业负责人这个品行，那么这家企业是如何做到这么大规模的呢？我们说识别一个人的人品，判断一家企业的企业文化，不是在风平浪静的时候，而是在特殊时刻、危难时刻才体现出来的，能看出企业到底有没有向心力与凝聚力。能激发员工动力的好企业，通常能做到与员工共繁荣，也能共贫贱。

第二节　企业可持续发展与人力资源

企业可持续发展是企业的核心命题，有忠诚的员工才会有忠诚的客户。企业的价值观要通过员工能力与行为来落地，客户的忠诚来源于员工的忠诚与贡献。随着企业的发展，企业负责人慢慢接触一线客户的机会就少了，这个时候对接客户的是员工，客户的满意度来源于对员工的满意度。为保持好客户关系，企业负责人需要有一个核心理念：关注你的员工。

2020 年初，我给一家企业做企业文化的梳理，问及企业负责人创业的目的是什么？企业负责人回想起说："1997 年，我去深圳打工，当时工作环境没有现在这么好。一起打工的同事随时都有可能被辞退，工作没有任何的保障。当时就想，我们在外面没有任何的依靠，身心都漂泊在外，能不能自己创建一个组织，让兄弟们不再这样漂泊呢？"这个最初的创业使命非常的人性化，具体而实在。后来他的企业实现多领域的发展，每个板块都是十多年的朋友一起合伙来做事业。

人力资源工作，一定要深度了解企业的创业使命，了解企业创始人的价值观，这样做人力资源的工作就会变得相对简单。我们如何找到企业的中高层人才呢？人力资源负责人最佳的"猎才"方式就是多和企业创始人一起交流，多与其出席活动，了解他们身边的朋友，并主动关注创始人朋友的动态，将企业的发展之需与其身边的朋友进行匹配，适时而主动地推荐创始人的朋友合伙开发新项目。

什么是好的企业？一个员工来到企业后不再想走、心不再漂泊，愿意留下来长久发展，即为好的企业。

当下人力资源有哪些比较典型的问题呢？

一、冗员与人才短缺

无论是大企业还是小微企业都存在人才短缺的情况，同时企业还会有一些多余或价值产出低的员工。企业内人与岗之间总是很难找到最佳的匹配机制。这个时候我们需要做好人才规划、淘汰机制、人才退出机制、工作轮换机制，将企业内部的人才盘活，强调内部人才的升华与价值的转换，尽量减少外部招聘。

二、"空降部队"与"地面部队"的矛盾

企业在发展过程当中，既需要长期坚守的老员工，也需要引进新人才来协助企业快速发展，而这两者之间常常因观点的不同而产生冲突，相互博弈。例如，电视剧《一代大商孟洛川》中的少当家要创新时，最大的阻力就来源于最忠于企业的老掌柜。他们矛盾的焦点并没有利润之争，而是理念不同。这时，好的办法就要重建企业的价值评级、价值分配体系，类

似于我们现在玩游戏中的"小号","主号"经营主业,"小号"经营副业,"小号"经营好了再来与"主号"结合。

实例解析

关于"地面部队"与"空降部队"的整合,我曾经以我的朋友冯先生两次成功"空降"企业为原型,写过名为《一个职场空降兵的低姿态渗透》的文章,发表在《人力资源管理》杂志,朱国成老师站在企业立场进行过专业的点评,内容大致如下:

冯先生的两次成功"着陆",基本符合"中国式"智慧,首先是韬光养晦,目的是暗处观察、摸清情况——不仅是企业本身的问题,在民营企业注重沟通也是非常重要的,以避免激起"地面部队"的抵触情绪。耐心等待时机,通过取得小胜获得企业负责人信任、树立个人权威。

管理者对"空降兵"的充分信任来自对企业自身问题的认识和对"空降兵"能力的认可。通常情况下,管理者和"空降兵"先会度过蜜月期,彼此充分信任、绝对授权,然后因迟迟没有效果而急躁,最后是失望。其中原因,可归结为管理者对"空降兵"有着不切实际的期望。

管理者首先要对企业实际问题和"空降兵"的价值有正确的认识,同时,企业内的所有人都要做好接受"空降兵"的准备。其次,"空降兵"也不能固守过去的经验,在新的环境下,解决新问题的能力是第一位的,不要因为手中握着"锤子"就要到企业中找"钉子",如果企业的问题是"螺丝",那么"空降兵"必须学会用"螺丝刀"。

三、创业激情递减

人都有惰性,随着年龄的增长,身体素质的变化,工作激情肯定也会有所下降。对应的是企业人均效率下降、执行力下降。此时企业需要学雁行理论,领头雁飞累了,再寻找另一只年轻力壮的大雁领引大家。同理,企业也可以找一位年轻力强、富有创造力的创始人或合伙人来引领大家继续前行,这时就需要有良好的退出机制和进入机制。

我曾经服务过一家企业，有 12 个股东、11 个自然人及 1 个投资平台企业，投资平台企业有 41 位股东，也就是企业的中高层管理、技术人才。看起来，企业核心岗位的人才也是企业的管理者，但为什么创业没有激情呢？特别是那些投资平台的股东们。股东没有激情比员工没有激情对企业的伤害更大。我当时对董事会的成员说："你们企业的核心问题就是股东泛滥，股东价值与贡献没有呈现出来。"

四、薪酬体系不合理

底薪发给平庸者，高薪发给责任者，奖金发给业绩者，股权分给忠勇者，荣誉颁给理想者！企业在薪酬体系设计方面，不能过于随意或大众化，要与具体实际现状相结合，避免发生一刀切的情况。

实例解析

2019 年，我曾经就遇到过一家外贸企业陷入类似的困境。该企业原外贸总监，因薪酬调整未达预期而离职，随后在企业附近租了间办公室，利用原客户资源开展业务，导致企业业绩骤降 52%，企业负责人对此非常难受。这位原外贸总监在职时，薪酬非常高，其个人薪资占企业总薪资的 36%（部门还有 15 名其他外贸员），甚至高于生产、工程、品质、采购等关键部门经理薪资总和。她曾以掌控大客户资源为筹码多次要求加薪，企业因忌惮其影响力而屡屡妥协，直至薪酬结构失衡，企业难以承受，最终拒绝其加薪请求，导致人才流失与客户资源的直接损失。这一案例深刻反映了薪酬体系不合理带来的连锁反应，即高薪未能有效激励责任者，反而因过度依赖个别员工导致企业陷入被动。

五、内部人才培养氛围不够

很多企业的负责人、高管和人力资源管理者都认为企业内部人才不够，总觉得优秀的人才都在别的企业。因为大家习惯性地向外看，而很少向内反省和找到突破。

实例解析

2019 年，我给安徽一家企业做顾问。企业负责人吴总原来在东莞工厂工作，比较有想法与创意，也热爱学习，于是自己出来创业。该企业最早在深圳成立，后来搬回到老家合肥。企业负责人是一位个性很强、雷厉风行之人。特别是回到合肥之后，越发觉得团队成员达不到自己的要求，先后从深圳花高薪请了两位高管过去。半年之后发现，从深圳请过去的高管也不尽如人意。

我周末过去，和吴总交流了一天，对他的企业有了简单了解。周一开周会，9 位部门经理和总监一起在吴总办公室，我发现会议上 9 位部门经理和总监都低头看着自己的笔记本。照着笔记本念上周工作的完成情况、本周工作计划，没有多余的铺垫，也没有相互的交流。9 位念完自己的工作总结与计划之后，也不抬头，而是等吴总点评与安排工作。吴总开始讲话，将每个人的工作进行了一一的点评与再部署，有个别部门的工作计划完全被重构，但部门经理并没有表示异议。

会议上吴总特别强调：管理层要有创新力，要把自己的工作当成事业去做，要主动发掘问题、找到问题、突破问题、解决问题。特别点名提到从深圳请来的做线上到线下（OTO）项目的胡总，要他时刻保持以前在深圳工作时的激情。会后，吴总对我说道："黄老师，您看到了吧？我这帮高管都不动脑筋、不想问题，得是我叫他干什么才干什么，没办法。"我回复道："吴总，也许换一种方式更好，其实每一个人都有主观能动性，当您越是这样要求与安排，员工的自主创新性就越差，应给予他们一定的空间。"

当晚，为了证明自己的工作能力，胡总用一个晚上做了一份四页纸的关于 OTO 打通的工作思路与方案，大概 6 000 字，可见胡总是非常用心的。第二天早上，胡总拿着这份方案来到吴总的办公室，刚好我在吴总办公室讨论其他的事情，胡总说："吴总、黄老师，关于 OTO 线上的操作思路，我做了份方案，请您看一下，有什么建议？"胡总打印了三份文件，可见做事非常细心。

在汇报方案过程当中，刚说了不到两分钟，吴总就打断了，说："这个方案很好，你自己去执行，有什么问题我全力支持！"这种情况下，其实胡总没有办法全力以赴地去执行自己写的方案，因为关于执行过程中的风险、跨部门的支持问题都还没有和吴总谈清楚。企业负责人吴总应该针对胡总提出的方案完完整整地分析透彻，并帮助协调各部门配合执行胡总的方案，这样才能高效地实施到位。

这就是企业中典型的缺乏开放、深度沟通、研讨交心的探讨氛围，这种环境下非常不利于内部人才的培养，即使引进外部人才也难以融入或发挥作用。

第三节　人力资源效能关注维度解析

在第一章中我们说到，现在的企业将人力资源部门视为"管理产品"的研发与营销机构，也就是我们不再只是内勤部门、管理部门，而是企业的利润部门。因此，我们在做规划时，一定要考核到企业的效能。用平衡计分卡（balanced score card，简称 BSC）来分析，最直观的就是财务分析，即对股东价值的贡献，要做到人力资本最大化、人力成本最小化。

关注企业的经营目标与导向、负责人和股东的关注点、业务职能部门的关注点非常重要。在我们辅导企业的过程中，时常会出现，人力资源部门很忙碌，也做了很多的事情，但却并没有得到企业负责人与业务部门的认同。

一、企业经营和业务的实际需求

如果人力资源部门没有从经营和业务的实际需求出发考虑问题，那么既得不到企业负责人的重视与认可，也得不到员工的支持与帮助。

实例解析

某企业成立于 2007 年，2021 年的年营业额为 4.5 亿元，企业有市场部、研发部、销售部、客服部、财务部、供应链采购部、人力资源部，共有 180 多名员工。人力资源部共 5 位同事。按理说这样的规模配置 5 位人力资源是足够的。人力资源部阳经理，一天到晚非常忙碌。到底她在忙什么？有没有忙出效果来？董事长、总经理和各职能部门负责人对人力资源部的满意度到底如何呢？我们看一下具体的调研情况，如图2-1至图2-4所示。

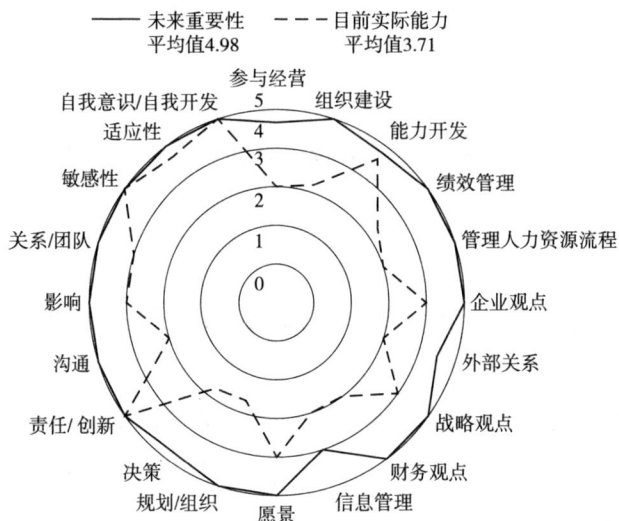

图2-1 人力资源经理自评人力资源部效能

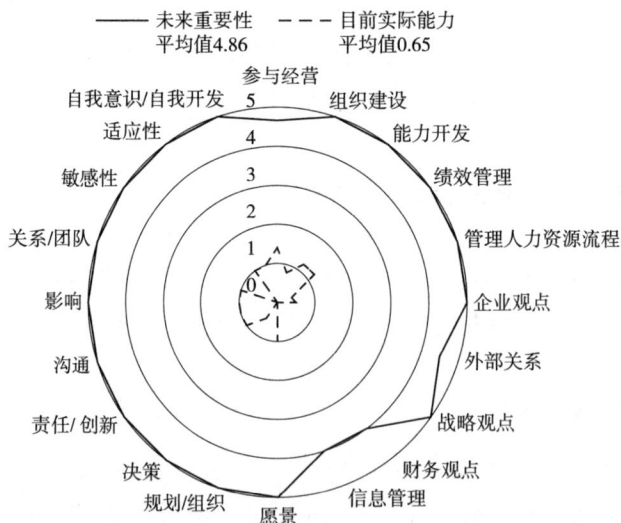

图2-2 董事长评价人力资源部效能

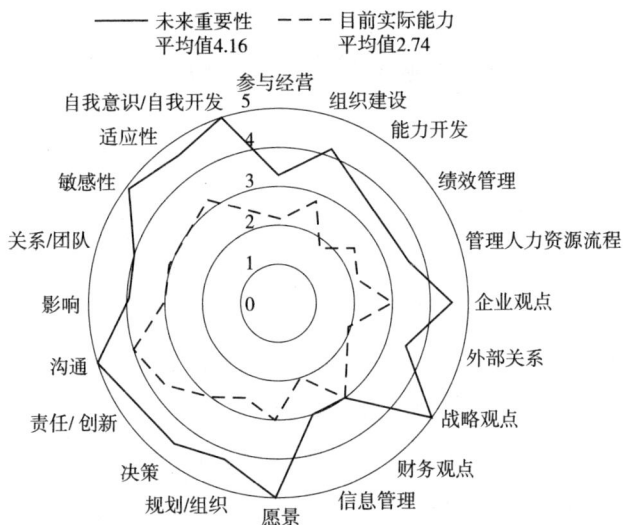

图 2-3 总经理评价人力资源部效能

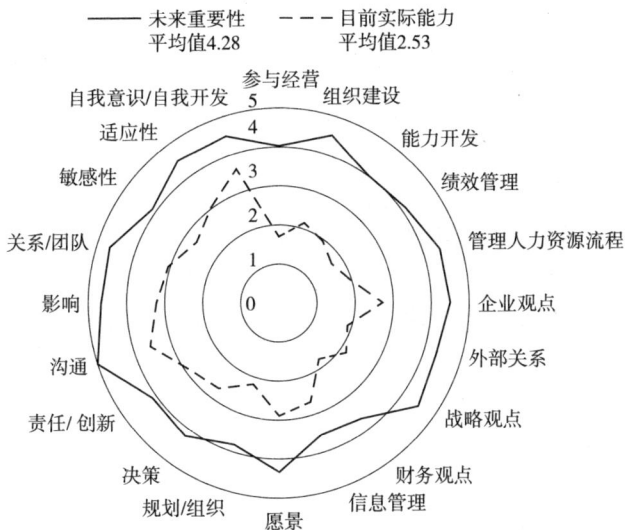

图 2-4 职能部门评价人力资源部效能

从调研数据来看，企业的管理层对人力资源部和人力资源工作的期望值非常高，也非常认同人力资源部在企业的重要性。按理说企业对人力资源部的认同度都如此之高，人力资源部的工作本应该是开展得比较顺利，也容易见成效。但大家对人力资源部的工作都非常地不满意，刚开始这点让我很不解。

从董事长、总经理、职能部门负责人和人力资源负责人，这四个维度调研的结果来看，人力资源部认为自己已经做得比较优秀了，可以打 3.71 分；董事长从企业战略的角度认为人力资源非常重要，但却认为目前企业的人力资源部工作做得非常糟糕，只有 0.65 分；总经理从企业年度经营的角度看，当下企业的人力资源部工作做得很一般，只能打 2.74 分；各职能部门负责人从业务需求的角度认为人力资源部做得不够，只能打 2.53 分。

虽然人力资源做了很多事情，与企业的战略、经营、业务有很多关联，但却是为了做而做，没有明确为什么要做。

在我们深入调研的过程中，有一位研发部的工程师讲了这样一个事例：人力资源部在 2018 年 11 月曾经在研发部做问卷调研，其中一位研发工程师就说："阳经理，别耽误您的时间了，您调研完也解决不了问题，您去忙您的吧，我们的问题自己能解决。"从这个事情可以看到，人力资源部的阳经理与企业的核心人才没有走在一起。可以说，人力资源阳经理无论是在企业负责人和高管心中，还是在职能部门的认知里，或是在核心人才的心目中，都没有得到认同。

二、人才的主观能动性和内在需求

从人才的主观能动性和内在需求出发考虑问题，可以更全面地培养出优秀人才，为企业提升人才留存率。

实例解析

《人力资源在左，员工在右》一书是以我在东莞某鞋业集团的真实经历创作的，当时我的领导是企业综合管理部王协理（相当于副总经理），年近60 岁。王协理年轻的时候，最早是一名技术人才，后来做过生产管理、品质管理、营销等工作，他总觉得自己在工作中缺少一点什么。

在王协理 43 岁的时候，他的总经理提醒他多关注员工，关注人才的心理动态，于是他辞职去一所大学里面读全日制的研究生，当他读完之后才知道之前的工作总是容易钻在具体事务里，而缺少了对人的深度了解。当王协理用了三年的时间从人力资源管理专业硕士研究生毕业之后再回到企业里面，他的视野格局都完全改变了，所有的问题都从人的主观能动性、人的内在需求角度出发，他发现工作的效率有了明显提升。他在审核人力项目工作时，总会问我们："你做这件事情的出发点是从人力资源的角度还是从业务或者经营的角度？推行的这个项目是因为哪一个业务点触动了你产生这样的想法？这件事情做完之后，是否真的解决了这个问题，或有多大的把握能解决问题，以及解决问题的程度如何？"

2004 年，我从教育训练中心课长的职务晋升为人力资源处主任，因为一件事情深受触动。当时企业已经有四家工厂，每个厂区都有独立的人事行政部门，隶属于各个厂区的执行副总管理，同时也向我们综合管理部的协理汇报工作，属于双重管理性质。由于厂区的独立性，RS 厂区缺乏人才的时候，如果他们本厂没有对应的人才就会考虑去外招，基本不在其他厂区调人才。教育训练中心培养出了很符合企业相关岗位要求的管理人才，因为长期得不到晋升，所以培养的管理人才容易流失。我看到这个矛盾点后，统计了四个厂区近三年培养的各层级的储备干部及四个厂区外聘人才的情况，并进行分析后做了一份提案，在综合管理组建立人力资源规划，对全企业各厂的课长及以上的人才进行统一调配与管理，得到了王协理的认同并指派我负责组建，同时成立了集团人力资源处，我也顺利得到晋级。表 2-1 为企业人力资源职能效能水平调查表。

表 2-1　企业人力资源职能效能水平调查表

第一部分　人力资源活动														
职能类别	职能内容	未来重要性得分						未来重要性（平均值）	目前实际能力得分						目前实际能力（平均值）
		0	1	2	3	4	5		0	1	2	3	4	5	
参与经营	1. 帮助管理人员阐明经营计划中的人力资源内容和进一步的经营需求														
	2. 帮助管理人员预测人力资源需求（具备必要的技能的员工）														

续上表

第一部分　人力资源活动														
职能类别	职能内容	未来重要性得分						未来重要性（平均值）	目前实际能力得分						目前实际能力（平均值）
		0	1	2	3	4	5		0	1	2	3	4	5	
参与经营	3. 帮助管理人员进行组织重构或工作设计														
	4. 帮助管理人员改进质量/服务														
	5. 帮助管理人员评价和改进其组织中的生产率														
	6. 提供人力资源方面的意见，支持维护顾客/客户关系的活动														
组织建设	1. 确定与保持各方面员工的关系														
	2. 吸引/招募合适的人														
	3. 提供所需要的合格候选人														
	4. 训练管理者进行有效的人才招募、评价和选拔														
	5. 帮助管理者了解员工流动率及原因														
能力开发	1. 帮助管理人员确定其组织中的培训与开发需求														
	2. 提供符合需求的培训方案（内部和外部的）														
	3. 为管理人员提供在岗员工培训的工具和技能														
	4. 推动管理人才开发评价会														
	5. 推动跨组织党委/职能的开发性人才流动														

续上表

第一部分　人力资源活动														
职能类别	职能内容	未来重要性得分						未来重要性（平均值）	目前实际能力得分						目前实际能力（平均值）
		0	1	2	3	4	5		0	1	2	3	4	5	
绩效管理	1. 帮助管理人员确定绩效目标/标准														
	2. 帮助管理人员制订和实施改进下属人员工作绩效的计划														
	3. 促进绩效反馈、教练指导及强化活动														
	4. 帮助管理人员解决下属的工作绩效问题														
	5. 提供吸引和留住高素质员工和提高工作绩效的薪酬方案														
	6. 帮助管理人员实施奖金激励方案														
	7. 提供吸引和留住高素质员工、提高生产率及优质服务的福利方案														
	8. 帮助管理人员实施/管理福利方案														
	9. 设计/帮助管理人员实施非物质奖励及承认方案														
管理人力资源流程	1. 帮助管理人员保持积极的员工关系（员工关系或者工会环境）														
	2. 帮助管理人员处理员工关系和沟通问题（例如政策解释，与工作相关的问题）														
	3. 帮助管理人员管理员工队伍的多样性/差异														
	4. 帮助管理人员了解和遵守法定条款														
	5. 帮助管理人员解决问题（例如员工抱怨或可能的侵害）														

续上表

职能类别	职能内容	未来重要性得分						未来重要性（平均值）	目前实际能力得分						目前实际能力（平均值）
		0	1	2	3	4	5		0	1	2	3	4	5	
企业观点	1. 人力资源部了解企业的所有要素，包括目标、目的和业务等														
	2. 人力资源部处理问题具备企业全局观点														
外部关系	1. 人力资源部了解外部影响力/规则和不断变化的客户/经营关系需求														
	2. 人力资源部能有效地展示本企业														
战略观点	1. 人力资源部具备和实施战略思考														
	2. 人力资源部从长期利益出发考虑决策与行动														
	3. 人力资源部思考在动态环境中获得与保持竞争优势的方式														
财务观点	了解本企业经济状况，包括成本、定价、资产管理及其财务因素														
信息管理	有效地了解和利用数据和计算机技术														

第二部分　企业知识

续上表

第三部分 变化管理		未来重要性得分						未来重要性 （平均值）	目前实际能力得分						目前实际能力 （平均值）
职能 类别	职能内容	0	1	2	3	4	5		0	1	2	3	4	5	
愿景	有未来方向、目标和重点顺序的愿景，并对此作出承诺和努力														
规划／组织	1.建立职能或其他行动方针，以实现目标														
	2.适当地分配时间和资源														
	3.建立制度和程序以保证跟踪和监督其他人的活动														
决策	1.保护来自不同渠道的相关信息，准确地评价关系和问题														
	2.根据实际信息、逻辑推理及多种选择思考，作出合理而实际的决策														
	3.承担合理风险														
	4.作出实施决策和采取适时行动														
责任／创新	1.特殊情况下承担决策和行动的责任														
	2.负责领导前进														
	3.积极推动实现目标														
	4.积极主动														
	5.采取行动去实现目标														
沟通	有效倾听、传达、书面表达，与平级同事、高级管理人员、下属及客户互动														

续上表

职能类别	职能内容	未来重要性得分						未来重要性 （平均值）	目前实际能力得分						目前实际能力 （平均值）
		0	1	2	3	4	5		0	1	2	3	4	5	
影响	1. 采取适当的人际关系模式和沟通方法，以获得同意、促成接受或解决问题														
	2. 在没有直接权利的情况下使问题得到解决														
关系/ 团队	1. 建立和维护与他人的工作关系														
	2. 协商与解决问题														
	3. 在没有直接权利的情况下使问题得到解决														
	4. 促进团体内部和团体之间的协作														
敏感性	对他人表现出真诚的兴趣，对他们的需求作出敏感的响应														
适应性	1. 在不断变化的、通常模糊不清的环境中保持效益														
	2. 随时准备接受新思想和向他人学习														
	3. 在压力下作出适当的决定														
自我意识/ 自我开发	1. 清楚地了解自己的长处和不足														
	2. 采取行动改进技能和工作绩效														

第三部分　变化管理

第四节　人力资源必须借的四股主要力量

人力资源部作为非直接业务部门，离一线业务较远，对于业务运营过程中的很多情况都不了解，处于相对弱势的状态。要想改变这种被动的局面，不在一线也能做出正确的决策，最好的办法是借助以下四股影响企业方向的主要力量。

一、借总经理的力量

总经理一定知道企业人力资源的问题，但解决途径并不完全专业。专业的人力资源负责人不能只是揣摩总经理的想法，而是要用自身的专业知识去指导和影响总经理。只要指导够专业，总经理会欣赏并采纳建议。而且，有格局的总经理不会反对专业人士的专业意见，因为每个总经理都不希望找一个"应声虫"——他说什么员工就做什么。还是需要找一个专业的人才来帮他解决实际问题。

我通过二十多年的实战经验总结得出一个结论：一个专业的人力资源负责人，要想获得总经理的信任，对于总经理提出的需求，要有一个基本的比例：总经理 70% 的意见是必须要听从的，这可以让总经理找到有追随者和拥护者的感觉；20% 可能是你不懂的，可以直接回复总经理该领域自己不擅长，学会弃权；还有 10% 是要坚决表明自己的态度，哪怕是和总经理争论起来，也需要通过自己的专业知识，强势地告诉总经理错在哪里，可能的风险是什么，而且这个风险很可能是难以规避的，这就是你的"金刚钻"，立足职场的核心本领，即 7:2:1 原理。

二、借人力资源委员会的力量

借助人力资源委员会或者人力资源会议机制来实现决策，找到自己与企业各级管理者中的同盟。

实例解析

某企业是订货会制，每年的 4 月份基本就可以知道全年的业绩完成率。营销副总在 2023 年订货会结束后进行了年度业绩达成分析，他以快速达成经营目标为理由，向企业申请增加 2 名大区总监、1 名商品分析经理、1 名企划推广经理的职务编制，总经理都批准了。

人力资源部在之后的 5 个月的时间里，就这 3 个岗位共面试了 1 200 多人，符合企业基本需求的约有 100 人，先后有 11 位通过了企业的面试，但是因为企业内部的一些原因，总是拖延入职时间。

2023 年 10 月，企业开始做 2024 年的战略目标经营计划，召开了预总结会，在会上营销副总对完不成任务的原因归结为近几个月来没有招到合适的人才，导致业绩完不成，人力资源部有不可推卸的责任。然而，招不到人才的主要原因之一就是营销副总太忙，总是没时间面试求职者，偶尔面试也是匆匆简单地问几个问题，这让人力资源总监也无可奈何。

我曾经遇到过类似的经历，比较明智的做法是在企业成立人力资源委员会，每个重要的岗位都有一定数量的委员。用人部门的负责人如果没时间直接参与面试，或其他原因不能参加面试，人才就由人力资源委员会集体面试决策。这样就可以有效地规避个别部门负责人确实很忙或者是借故不参与面试，造成招聘进度延迟的问题。

三、借管理者的力量

人力资源应在基层建立员工接口，发展这些员工的技能，同时，借助管理者的力量，在企业内不停宣导"各级干部是真正的人力资源管理者"，防止职能部门干部成为旁观者。

我在东莞某鞋业集团工作的时候，其人力资源部就有派驻到各个部门的行政专员，即协助各个职能部门的负责人做好人力资源的相关工作，检查人力资源部和总部下发的各种文件、规章制度的执行力度，以及了解员工的思想动态，及时解决工作现场的人员问题。

每年都要对管理者进行"非人力资源从业者的人力资源管理"培训，让管理层明白人力资源部的工作内容之一是协助、指引和配合。人力资源部所做的一切都是为了方便各职能部门高效管理、快速出业绩。真正决定部门优劣，决定部门业绩高低的，是职能部门负责人。人力资源部所做的管理工作只不过是在协助他们更高效地完成工作。

四、借标杆的力量

要向同区域或行业的标杆看齐。人力资源管理者要走出去看看，与同行业及协会多交流、多碰撞，了解区域的发展，了解区域人才的动态，了解行业的标杆发展趋势和动态，将他们成功的经验带到企业里，在企业内部进行宣传贯彻，让标杆影响企业管理层的认知。

实例解析

某国有企业被一民营企业收购，企业需要进行整体改制。对于这种情况而言，整体改制往往是难以推进的。其原因在于：一方面，企业地处广西一小城，与外界交流较少，信息相对封闭，因此，该企业员工一直认为自己的企业做得很不错；另一方面，老员工普遍对企业感情较深，很难认同企业改制计划。

由于以上原因，改制的压力非常大，我当时的做法就是直接借用标杆的力量，将企业五十多位主管级以上的管理层集体拉到柳州和广州两地的同行业进行参观。参观完之后，他们知道自己的认知有一定的差距，不希望企业在自己的手上走向衰败。现在已被同行业抛下那么远，一致认为再不改革就没有机会了。于是，企业改制得以顺利进行。

第五节 从经营的角度定义企业人才

企业人才定位源于企业的定位，如某企业的人力资源关注经营后，结合企业特点提出"五个三战略"。

一、企业定位的三个条件

三个条件，即企业家思维、统一思想、现金流。

号召所有员工都应具备企业家思维，将工作当成自己的事业，将企业当成自己生命中不可或缺的一部分。引导员工在工作中无论遇到任何难处，都必须全力以赴，想尽办法攻克难关，快速前进，没有等、靠、停，始终上下一条心，实现全体员工思想上的统一。同时，要学会时刻关注企业现金流，确保企业的稳健发展。

二、人才建设的三驾马车

三驾马车，即人才吸引、PK（末位淘汰）机制、能上庸下。

对内开发人才、留住人才，对外吸引人才。所有的员工接受公开的PK机制，能者上、庸者下。一切以经营结果为导向。

三、文化聚焦的三张牌

三张牌，即内部创业、个性化、游戏化。

鼓励员工创新创业，企业平台孵化有创意、有梦想的人才。企业没有刻板也没有权威，一切尊重有价值的个性化。管理游戏化积分，员工的每一次付出都会进行积分，就像打游戏一样，它能够快速呈现结果。

四、组织变革的三个方向

三个方向，即组织扁平化、去中心化和内部裂变。

企业需要不断迭代、不断创新，随着"95后""00后"成为职场主力军，加速了组织变革的进程。组织扁平化，即每个员工都可以成为小团队的领导者；去中心化，即将权力下放到更接近实际业务的员工手中；内部裂变，即快速形成新的项目组。

五、人力资源的三个身份

三个身份，即变革者、支持者、传播者。

人力资源不再是管理者或服务者，而是企业变革的倡导者，是微创的推动者，是内部创业团队的支持者，是企业文化的传播者和宣传者。不为管理而管理，只因经营结果而促动。

第三章

基于组织效能的人力资源设计

组织效能从何而来？杨国安教授在《组织能力的杨三角——企业持续成功的秘诀》一书中提到，组织的成功＝战略×组织力。在科技如此发达的今天，企业制定战略并不难。特别是很多企业家都具有丰富阅历及实战经验，拥有一定的社会资源或市场资源，且还有一帮"大咖"朋友作"智囊团"，因此他们在选择创业的时候，在战略方向上基本不会出错。

一家企业能否基业长青，取决于能否形成有效而完善的治理结构。企业应改变盲目求快做大的发展思路，一定要重视可持续发展，通过股权激励、引入合伙人、投资者（机构）等方式实现股权适当多元化，推动管理科学化，打破过分依靠"人治"的家长式的管理模式，打破治理结构封闭性、管理决策随意性、核心技术排他性等诸多局限。以互信、分享、共治、多赢为基本原则，从现代企业的组织高效能的角度出发，建立"家人"（企业员工）与"外人"（职业经理人）共同参与的互信的组织力治理模式。

第一节　理解企业组织力

在关键时刻，一家企业的团队之间是选择相互协作，还是各自为政、隔岸观火，是考核企业组织能力的一项重要标准。

一、团队间相互协作

通过相互协作，团队之间能够更好地共享资源和信息，增强整体凝聚力与应变能力，共同面对市场挑战。

实例解析

海尔集团公司（以下简称海尔）进军国际市场之初，法国某连锁公司对海尔电器进行极为严苛的质量检查后，决定在他们的巴黎总店将要举办的世界名牌家电展销活动中，介绍中国海尔的电冰箱给全世界，但时间要求极为严苛。

该法国公司总裁于 10 月 4 日提出订购千台冰箱在展销会上试销，但货物必须在 10 月 27 日以前运抵法国口岸，否则订单将自动失效。这样的条件对大多数企业来说都无法完成，因为当时从中国到法国的货轮最少需要航行二十天，而海尔却需要在两天之内发货。他们需要准备货物、联系货轮、报关……无论如何，时间都太仓促了。

当订单传到青岛市海尔总部大楼海外推进本部办公室时，办公室全体人员立刻开展行动，他们了解到，这两天共有五班去欧洲的船，四班已经装满货了，只有当天晚上 7:30 有一班开往荷兰的法国船还有空余的集装箱位。而此时表盘上的指针已指向 4:30，即报关、备货、调车、拉货、装船，做完这一切，只有不到三个小时的时间！

"订单就是命令单"。从下午 4:40 开始至 7:30，在短短三个小时的时间里，年轻的海尔人像上紧了发条，完成了报关、备货、运货、装船等平时需要几天才能办完的事情，从此正式打开了该法国公司的大门，也打开了通往世界的通道。

二、团队间各自为政

各自为政的状态会削弱企业的整体协同效应，影响团队士气和工作氛围，长期而言会损害企业的竞争力和创新力。

实例解析

昌先生是一名营销副总经理，与国内一二线商场都有过深度的合作，朋友多。他拉了两位朋友一起创业，这两位分别做产品设计与生产管理。他们一起创业不到 5 年的时间，在全国开了 300 多家专卖店，盈利能力也很不错。企业能快速发展与三位合伙人过往的职业经历有着非常大的关系。

昌先生在这三年"冲锋陷阵"的过程中，每一次开新店都有一种成就感，但这种成就感却不能持久。他总感到隐隐的心累，觉得组织内部很难做到像海尔走向国际市场那样，有良好的合力快速去满足客户的需求，感到企业凝聚力和向心力不够，但是具体体现在哪里又说不出来。300 多家店都是他一个人跑出来的，有一种自己拼命在奔跑，回头一看，团队成员却好像都没有跟上的感觉，从工作量上看，大家确实都很忙，但细究却发现公司内部门之间的界线划得很清，遇事首先想这是不是我部门的职责，再次会思考利弊关系，这无疑给团队的耦合制造无谓的障碍。

通过对这两个案例的对照分析，我们可以看出海尔的成功之处与企业塑造的"订单就是命令单"的战斗精神有着紧密的关系，一切从最终的结果来看，无论遇到多大的困难，大家都得全力以赴以组织的效能提升为第一导向。而昌先生的企业，每个人都显得非常的"职业化"，只守着自己的"三分地"，按照职业流程做着自己的工作。实则是以自我为中心，只是依流程干活，却没有人对企业负责。总经理不呼不应，总经理一呼百应；总经理不提要求，大家就是原地不动的"机器"。团队之间只有竞争，没有合作。

如果不能做到"英雄相惜"，则无法形成企业上下通力合作的局面。如何形成组织力？要像一张蜘蛛网一样，每一个节点之间都能形成有效的联结，不掉链子，这就是组织的核心要素。电视剧《亮剑》里李云龙的独立团为什么具有强战斗力？即使李云龙被降职去做被服厂厂长期间，团队仍保持着整体的向心力和全员行动的一致性，正是因为组织的内核还在。

国内有很多企业模仿海底捞的经营模式，为什么模仿不成功呢？因为大家只是模仿了形式，没有模仿组织的内核，这就是部分企业家不明白为什么招来的"千里马"很快就会被"骡子"同化了的原因。

实例解析

2020 年春节，我到一家企业去调研人才培养计划，企业人力资源部和经营计划部两个部长接待了我。人力资源部部长说："我们去年也做了系统培训，分成了 12 个专业小组，每个小组都做计划，将资料一起打包给经营计划部，由他们负责后续的实施和主导，但目前没有什么动静。"

经营计划部部长说："你给的都是原始资料，没用的，你需要把它整理出来，不然如何去执行啊？"而人力资源部部长说："怎么没有整理，资料在经营班子中进行了汇报，还选出了 5 个不错的项目。我们分类了，你没有认真看，你回去再仔细看看。"

在这个调研会上，两位部长这样将责任推来推去足有半小时，这样的例子在我们遇到的企业中比比皆是。

第二节　如何构建企业组织力

相同规模的企业，其业绩可能会出现数倍的差异，究其原因是组织力的差异。组织力是企业发展中一张无形的"网"，这张"网"织得牢不牢，结点之间是否高效合作，核心就是组织力三维度，即员工思维、员工能力、员工治理。

一、通过大五人格解析员工思维

在同样的企业环境中，有的员工愿意不计任何回报地付出，有的员工却在做任何事情前都会先讲报酬。究其原因，我们可以通过大五人格测试进行解析。

实例解析

2020 年，有一位企业的总经理跟我提道："黄老师，企业按规定需要安排人员，负责统计企业员工每天远程工作的情况。于是，我就安排了综合管理部经理来负责，可是这位经理只做了 4 天就向企业提要求，说现在需要统计企业的 100 多名员工的工作情况，非常辛苦，企业应该给她额外补助，希望每月得到补助 2 000 元。可是企业目前的资金状况还是相对紧张的。"

这名综合管理部经理提出这样的要求，从岗位职责与职业道德来分析，是欠妥当的。她为什么会在企业经营相对困难的时候提出这样自私的想法呢？在我给这位综合管理部经理进行辅导时，对其进行了大五人格测评，曲线图如图 3-1 所示。测试结果见表 3-1。

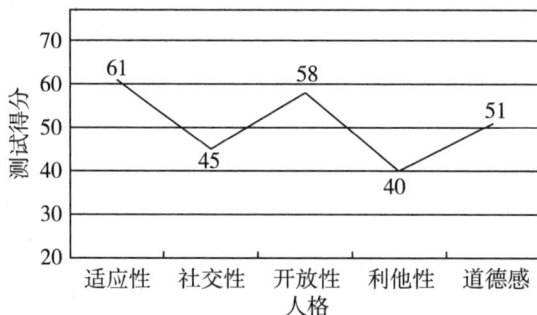

图 3-1 综合管理部经理的大五人格曲线图

表 3-1 综合管理部经理的大五人格测试结果

适 应 性	社 交 性	开 放 性	利 他 性	道 德 感
较高适应性，较镇静、较安全、有一定理性	中社交性，较独立、有些保守、内向	较高开放性，兴趣广泛、好奇、追求自由	较低利他性，有点斤斤计较、会质疑、坚韧	中等道德感，组织性一般、有些自由散漫、喜欢自发独立

从大五人格测试结果来看，这名经理的要求就相对好理解了。因为她的"利他性"一栏分数相对较低，每一次付出都一定要有收获。虽然这是本职工作之一，但她的想法可能是：我应该和其他人的待遇是一样的，有额外工作可以，但需要得到另外等价的报酬。这是其价值观所决定的。

我们来对比看一下这家企业市场部经理的大五人格曲线图，如图 3-2 所示。测试结果见表 3-2。

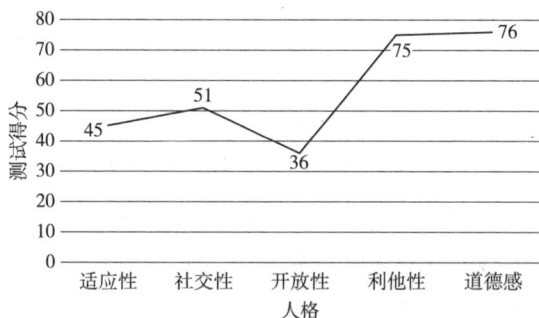

图 3-2 市场部经理的大五人格曲线图

表 3-2　市场部经理的大五人格测试结果

适应性	社交性	开放性	利他性	道德感
中适应性，较镇静、较安全、有一定理性	中社交性，较独立、有些保守、内向	低开放性，专业、有知识深度、刻板、实践性强	高利他性，大方谦虚、信任、合作、坦白、包容性强	高道德感，有组织、有原则、谨慎、固执、依附性强

最后他们企业的人员统计工作是谁做的呢？很显然是市场部经理主动承担了这个责任。

构建企业组织力的首要维度，就是要了解企业员工的思维模式与价值观，他们真正关心的、追求的、重视的事情，只有真正理解员工的思维，才能更好地调动员工的积极性与创造性。

二、通过胜任力对标员工能力

在市场经济竞争激烈的情况下，企业之间的竞争实际上是产品的竞争，产品的竞争就是人才的竞争。关键技能人才的竞争，即人才的能力、智慧的竞争，它直接影响员工能否达到岗位工作的要求。员工的综合能力是指符合企业文化和组织本身所需要的各项能力要求。这项能力和组织本身的工作性质有很大关系，如领导能力、管理能力、决策能力、计划能力、组织能力、监督能力、调控能力、反应能力、适应能力、预见能力、创造能力、表达能力、谈判能力、团队合作能力等，不同的组织所占的比重不同。

管理者应关注团队人才的能力特长，常言道：员工能力不达标不是你的责任，但不能提升员工的能力，就是你的责任。人才建设的关键是人的能力建设，能本管理是更高阶段、更高层次和更高意义上的人本管理，是人本管理的新发展。注重员工能力素质的培育，是人本管理的根本要求，也是尊重员工、关心员工、爱护员工的具体体现。通过能力素养的提高，增强员工的生存能力，通过职业素养和岗位绩效的改善，使员工的自身价值得以彰显。因此，管理者需要通过胜任力模型明确企业需要什么样的人才，以及人才需要具备哪些能力和特质。

"胜任力"是指将某一工作中的卓越成就者与普通员工区分开来的个

人的深层次特征，包括动机、特质、自我认知、领域知识、技能等，这些是可以被可靠测量或计数，并且能显著区分优秀与一般绩效的个体的特征。具体包括以下方面：

1. 动机：决定外部行为的内在稳定的想法或念头，即一个员工做事情的内在驱动力。

2. 特质：某人所具有的特征或其典型的行为方式（如保守、激进）。

3. 自我认知：对自己身份的认知和评价。

4. 领域知识：某一职业领域需要的信息（如财务专业知识、法律专业知识）。

5. 技能：掌握和运用专门技术的能力（如写作能力、高空作业能力）。

6. 社会角色：个体对于社会规范的认知与理解（如工人、商人、教师）。

7. 全员核心胜任能力：是企业价值观、文化及业务需求的反映，是针对组织中所有员工的、基础且重要的要求，它适用于组织中所有的员工，无论其所在何种部门或是承担何种岗位均适用。

8. 序列通用胜任能力：是依据员工所在的岗位群或部门类别不同而需要的专业知识、技巧及能力，但其重要程度和精通程度在不同角色中可能有所不同。

某企业生产部经理的胜任力评测结果见表 3-3，关键岗位胜任力模型结果如图 3-3 所示。

表 3-3　某企业生产部经理的胜任力评测得分表

指标项目	指　标	级　别								累计平均得分		
		唐辉	张德亮	袁鹏	余进	刘德洪	李腊平	卜超纲	罗晓珍	指　标	平均得分 3.0 分	最高级别 3.0 分
知识层面	企业知识	2	2	2	2	2	1	2	3	公司知识	2.0	3.0
	产品知识	1	2	1	2	3	2	3	2	产品知识	2.0	3.0
	生产管理知识	2	2	2	2	2	2	3	2	生产管理知识	2.1	3.0
	安全管理知识	2	1	2	1	1	1	3	3	安全管理知识	1.8	3.0
技能层面	执行能力	2	1	2	2	2	1	3	3	执行能力	2.1	3.0
	专业学习能力	1	2	2	2	3	2	3	3	专业学习能力	2.3	3.0

续上表

指标项目	指 标	级 别								累计平均得分		
		唐辉	张德亮	袁鹏	余进	刘德洪	李腊平	卜超纲	罗晓珍	指 标	平均得分 3.0 分	最高级别 3.0 分
技能层面	计划管理能力	1	1	2	2	3	2	3	2	计划管理能力	2.0	3.0
	团队领导能力	2	2	2	2	3	2	3	2	团队领导能力	2.3	3.0
	目标管理能力	2	2	2	2	2	2	3	2	目标管理能力	2.1	3.0
	生产调度能力	2	2	2	2	2	2	3	1	生产调度能力	2.0	3.0
	安全管理能力	1	1	1	1	2	1	3	2	安全管理能力	1.5	3.0
	员工关系管理能力	2	1	1	2	3	2	3	2	员工关系管理能力	2.0	3.0
	产品质量管理能力	1	1	2	2	2	1	2	3	产品质量管理能力	1.8	3.0
职业素养	责任心	2	2	2	3	3	2	3	3	责任心	2.5	3.0
	成本意识	2	2	2	2	3	1	3	3	成本意识	2.3	3.0
	全局观念	2	1	2	2	2	2	3	3	全局观念	2.1	3.0
	风险防范意识	1	1	1	2	3	1	2	2	风险防范意识	1.6	3.0
										初审评定结果	2.0	3.0

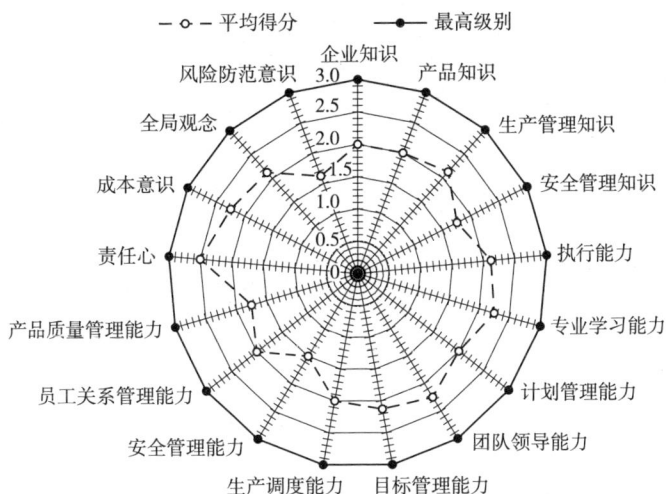

图 3-3 关键岗位胜任力模型结果

59

这名生产经理在知识层面需要加强的是：安全管理知识；在管理方面需要加强的是：安全管理能力、产品质量管理能力、风险防范意识。从这个结果来看，这名生产经理在工作过程中比较关注速度，但容易忽略质量。在团队管理中比较强势与自我，有一定的个人英雄主义倾向，容易与质量部门产生冲突。员工关怀做得不太好，喜欢亲力亲为，比较符合中小企业的生产经理特质，管理的生产团队不宜超过200人，否则容易管理失控。

在胜任力模型系统中，每个胜任力特征一般为3～5个等级，各等级的行为需要结合企业的特质进行针对性的描述。我们为某企业中层做的十二项胜任力描述，见表3-4。

表3-4　某企业中层的十二项胜任力描述

序　号	关键胜任力	定　义	行为表现（1级）	行为表现（2级）	行为表现（3级）
1	产品质量管理能力	产品质量管理能力是指相关人员对产品质量及工作任务本身具有强烈结果导向意识，从而通过全环节（研发、生产、销售、服务）的工作流程有意识地促进产品质量及工作效率的提升	1. 对本企业应当遵循的质量标准及ISO质量体系有比较清楚的认识，并能够将其贯彻到工作中 2. 能够按照质量标准的要求填制和签发各种质量报表、文件等 3. 对企业面临的质量问题有相关的认识 4. 对个人或部门输出的文件具有对质量方面的认识	1. 能够指导他人按照质量标准的要求开展工作 2. 能够给予质量检验、质量控制等活动一定的指导，确保产品质量 3. 能够分析一般性的质量记录、质量报表，并能够得到有价值的分析结论 4. 能够清晰地认识到企业面临的质量问题，并能够寻求资源进行最大程度的解决	1. 具备"凡是我所经手的事情即有我的出品"的品质交付意识 2. 不仅精通现有的质量标准，而且能够基于未来市场需要，做好现在的产品品质提升准备 3. 不仅能够指导相关人员分析质量信息与相关记录，还能根据分析结论提出独立的见解 4. 通过分析质量问题，能够准确判断出问题产生的根源，并能够提出一些预防性措施

续上表

序号	关键胜任力	定义	行为表现（1级）	行为表现（2级）	行为表现（3级）
2	成就导向	成就导向又称为成就欲、进取心，指个人希望更好地完成工作或达到某一绩效标准、强烈追求成功的持续性愿望	1.指专注于本职工作，完成既定目标 2.能够进行小型创新并提高工作效率	1.具有衡量自我的标准，能够持续不断地改善绩效 2.在改善绩效的同时，能够与同事分享或影响他人完成工作目标 3.能够视困难、问题或变化为挑战	1.有挑战的目标，并能够通过不断学习或请教同事以高标准的要求来完成工作任务 2.能够在工作过程中不断总结创新，并能够将其应用于以后的工作中 3.不满足于平均业绩，追求卓越，而且能够在工作成就中获取不断前进的内在动力
3	规划与统筹安排能力	规划与统筹安排能力是指相关人员对工作任务的整体分析，制订可行的工作计划，合理地配置与整合资源，以实现工作目标	1.根据掌握的方法，能够初步制订可行的任务计划 2.制订的计划与目标基本吻合，并具有可操作性 3.基本上能够按工作计划的要求开展工作，不能同时承担多项工作，时间利用率一般 4.基本能将工作计划内容划分到各个岗位	1.根据掌握的方法，能够制订出可行的任务计划，并与企业战略基本吻合 2.制订的计划与目标高度吻合，并具有可操作性 3.计划性较强，能统筹安排自己的工作，时间利用率较高，能够最大化地节省成本	1.根据掌握的方法，能够制订出可行的任务计划，并与企业战略高度吻合 2.能够详细分解工作目标或任务，并能够结合现状制订出可执行的项目实施计划，以促进工作目标或任务的达成 3.计划性强，能合理安排多项工作，时间利用率高 4.能够根据目标计划，统筹考虑其他相关部门的工作并协调执行

续上表

序　号	关键胜任力	定　义	行为表现 （1级）	行为表现 （2级）	行为表现 （3级）
4	敬业精神	敬业精神指个人不断调整自己的思维和行为，以使其符合组织要求和利益的愿望与能力，且具有组织利益优先的认知	1. 有较扎实的专业知识，热爱本职工作，忠于职守，持之以恒 2. 有勤勉的工作态度，脚踏实地、无怨无悔 3. 具有基本的职业道德，如责任、纪律、作风 4. 对管辖范围进行现场查、核、对，能及时纠偏	1. 有强烈的事业心及无私的奉献精神，能够努力完成工作及相关事情 2. 能不断调整自身行为以符合企业利益及整体和谐性 3. 对事业充满激情，保持旺盛的战斗力，敢于挑战各项困难事务	1. 有非常扎实的专业知识，热爱本职工作，有进取精神，能够利用各种资源使工作成果最大化 2. 能够以企业的利益及整体和谐性为标准，不断调整自己的行为 3. 对事业充满激情，保持旺盛的战斗力，敢于挑战各项困难事务 4. 对影响企业利益的行为会坚决抵制 5. 将工作视为自身第一解决要务
5	客户意识	客户意识是指个人关注客户不断变化的需求，竭尽全力帮助和服务客户，为客户创造价值的意愿和态度	1. 能够考虑客户对问题的认知程度，明白客户的特定情况及其特殊需要 2. 能够与客户保持基本联系，并对客户的情况作出反应	1. 能够积极与客户建立伙伴关系，对客户的突发性疑虑和期望反应及时 2. 能够接受客户的合理建议，并能及时给予客户反馈	1. 能够对客户的各项行为作出反应，与其坦诚交流 2. 能够主动了解客户的期望和要求，鼓励客户参与相关活动 3. 能够与客户共同寻求继续合作的战略规划，使双方达到共赢

续上表

序　号	关键胜任力	定　义	行为表现（1级）	行为表现（2级）	行为表现（3级）
6	目标管理能力	目标管理能力是指相关人员通过自身的努力或借助外界力量达成预先设定标准或程度的能力	对企业经营目标中本部门的主要工作及任务比较理解，有明确的工作计划	1. 对企业经营目标中本部门的主要工作及任务理解较为深刻 2. 对实施目标有一定步骤与方法，有预案和补救措施，能按部就班地实现目标	1. 对企业经营目标中本部门的主要工作及任务理解透彻，能够有效分解工作目标并制订出详细的工作计划 2. 能够有效跟进事情的发展进度，并善于采取补救措施
7	团队建设能力	团队建设能力是指相关人员以团队利益为己任，建立、维护并运行高效团队，使团队绩效表现目标最优化的能力，并对人才进行储备与梯队建设	1. 发现团队的优劣势，针对性地选人或补充人员，搭建起高效率的团队 2. 能够积极参与团队合作，并有意识地鼓励团队成员参与讨论和决策，促进团队内部的沟通与合作 3. 能够采取行动加强团队成员之间的相互沟通，促成团队成员的相互理解和支持 4. 能够对团队或团队成员做出的成绩表示赞赏，或有意识地向成员表达赞赏和肯定	1. 能够根据企业的战略目标确定团队建设的目标，并能够使其在全体成员中达成共识，进而得以贯彻实施 2. 能够有意识地开展团队内合作及建立适当的竞争机制，以提高团队的整体绩效 3. 能够公开表扬他人的成绩，并能够针对不同员工选择合适的激励方式	1. 具有个人魅力或领导气质，能够把握组织或团队成员的发展方向与目标 2. 有意识地创建团队合作精神，能够在团队间合理有效地调配资源，进而加强不同目标和背景的团队间合作 3. 能够制订出团队激励机制，并能够通过激励机制的贯彻实施使团队成员保持高昂的工作热情 4. 能创造其他学习机会，帮助员工持续成长

续上表

序 号	关键胜任力	定 义	行为表现（1级）	行为表现（2级）	行为表现（3级）
8	问题发现与解决能力	问题发现与解决能力是指相关人员通过自身掌握的专业知识和技能，发现并解决工作过程中存在问题的能力	1. 能够发现工作中的常规问题 2. 了解流程，掌握一定的专业知识，能对问题进行有效的分析，提出解决思路 3. 具有处理好自身专业范围内事务的能力	1. 熟练把握工作过程中易产生问题的环节，并有一定的问题发现技巧 2. 能够通过对工作理解发现隐藏的问题 3. 具有一定的问题分析能力，能够根据现象探求解决问题的途径，并找到答案，提出改善的意见	1. 能够及时消除外界条件改变对工作产生的不良影响，并能够及时发现问题 2. 能够准确预测工作过程中的各种问题，并将其消灭在萌芽状态 3. 能归纳各类问题发生的规律，并具备指导他人发现问题的能力 4. 能举一反三，建立问题发生的防御机制
9	系统思考能力	系统思考能力是指管理人员保持思维的广度和深度，在开展业务的过程中能够考虑到自身工作对周围环境的影响，从全局视角找出事物的本质，围绕战略主线，制定对全局最有益的行动方案	1. 能够综合考虑工作中每个环节的逻辑关系 2. 能够预先设想自身工作所涉及的每个细节对客户和同事的影响，必要时提前进行沟通 3. 能够预测自身决策对程序或团队的影响，提出影响不佳的解决方案	1. 在思考工作问题的过程中，能够在确定解决办法的同时，考虑资源分配的合理性，充分发挥可用的技能和资源 2. 能够预测自身决策对组织的影响，并能联合相关部门共同创造更出色的解决方案 3. 为了全局的利益，在必要时可以放弃或让步自身的利益 4. 能够分析和归纳国家和行业的重要政策，支持和推动变革活动	1. 根据环境的变化能及时调整企业资源的组合，为自身解决问题提供支持 2. 以企业利益和持续经营为中心，能够综合考虑各个部门之间的工作联系 3. 能充分考虑自身决策对组织和外部的影响 4. 能够预见国家和行业的重要政策，领导企业的变革 5. 能预先整理出一套完整的方案应对组织各项资源的匹配，保证企业的稳定扩张

续上表

序　号	关键胜任力	定　义	行为表现 （1级）	行为表现 （2级）	行为表现 （3级）
10	协调能力	协调能力是指相关人员能够通过沟通，与组织内外部人员达成某种共识的能力	1. 对组织内外部人员在行动和思想上不一致的问题有清醒的认识 2. 对组织内外部人员可能产生的不和谐因素有一定的了解	1. 对组织内外部产生的不和谐行为有一定的调节能力，能够尽量将矛盾消灭在萌芽状态 2. 在处理组织内外部矛盾的过程中，能够获得大多数人的拥护与支持	1. 能够平衡组织内外部各种关系，确保组织既定目标的完成 2. 能够将自己在协调内部关系过程中的技巧、经验与他人共享 3. 能够通过协调组织内外部关系，发现组织内隐藏的问题或矛盾，并提出相应的解决方法或应对策略
11	专业学习能力	专业学习能力是指相关人员具有主观上希望不断提高自己的专业知识、技能或职业素养的主动性，保持学习的心态，通过多种方式不断吸收有用的知识和经验，总结工作方法并将学习所得运用到企业的业务实践中	1. 能够在本专业领域展示基本知识，并能够将这些知识有效地应用于实践中 2. 在工作中能主动地学习同事传授的知识和技能 3. 能够积极主动地了解专业领域的最新发展情况 4. 能够运用专业知识和经验解决问题、帮助他人，有时能够促进项目进度或改善当前局面 5. 能够发现自身的不足，并通过学习得到提升后能应用于工作和生活中	1. 能够主动学习专业领域及专业以外的知识，并能利用这些知识点提升业务效能 2. 能够利用自己的知识促进其他部门工作或项目的进展，以提高其他部门的工作效率 3. 能够吸收利用他人的经验和做法，用于解决自己遇到的问题 4. 能够将自己和他人的经验及做法进行归纳总结，形成部门或企业的规范或标准 5. 擅于分析现有的自身能力与组织发展的匹配情况，在不同阶段与时俱进	1. 能够不断寻找新的学习机会，掌握新的专业知识和技能，从而提高自己的综合能力 2. 能够在专业期刊上发表论文或作品，不断强化自身的专业能力 3. 能够从突发或偶发事件中总结经验教训并为自己所用 4. 能够在组织内充当新技术、新知识的倡导者与传播者的角色 5. 能够利用自觉学习 / 历练得到的新知识、新技能为企业或组织的建设与发展起到事半功倍的效果 6. 能够对新知识和方向有明确的预见及规划

续上表

序　号	关键胜任力	定　义	行为表现 （1级）	行为表现 （2级）	行为表现 （3级）
12	执行能力	执行能力是指相关人员在工作中能迅速理解领导的意图，进而形成目标并制定出具体可行的行动方案，然后通过各类资源的合理利用和对任务优先顺序的安排，保证方案的高效、顺利实施，并努力达成工作目标的能力	1. 能够根据企业或领导的明确要求，结合本岗位的职责，确定自己的短期工作目标 2. 能分解工作目标，较好地协调和控制工作进度，并能顺利高效地完成各项任务 3. 能够较好地执行企业及部门的各项管理规章制度	1. 能够根据企业或领导的要求，结合本岗位的职责，确定自己短期和长期的工作目标 2. 能够很好地协调和控制工作进度，积极创造条件完成各项任务 3. 能够很好地执行企业及部门的各项管理规章制度	1. 能够根据企业或领导的要求，结合本岗位的职责，确定自己短期和长期的工作目标 2. 能够高效地完成各项任务 3. 能够严格执行企业及部门的各项管理规章制度，并能对其中的一些条目提出执行改进意见

三、通过文化氛围优化员工治理

员工治理体现的是企业文化氛围、管理体系、管理者风格等内容，即明确企业支持战略的组织架构、通过集权和分权以整合资源、关键业务流程的标准化和简洁化、建立支持战略的信息系统和沟通交流渠道等。

实例解析

我在讲课和做咨询的时候，经常会问学员和客户一个问题："企业有没有组织员工做过户外拓展活动？如果有，那么有没有'高空跳断桥'这个项目？"很多人都会回复，企业在做户外拓展时会做这个项目。我接着问道："'高空跳断桥'离地面通常是 15 米或者更高，而且桥面宽度通常只有 20 厘米左右，断桥中间相隔通常有 1.5 米到 2 米，这种情况下，可能你敢跳过去。但如果我现在放两张桌子，两张桌子相距 1.5 米，你敢不敢跳过去？"

现场大多数人都不敢从两张桌子之间跳过去，当然我也说："现在，即使你想跳，我也不敢让你跳！"为什么我也不敢让大家跳？因为在"高空跳断桥"项目中，我们的背上背有一根安全绳，下面有同伴拉着安全绳的另一端，确保大家的安全。无论能不能跳过去，有这个安全绳都能保证大家的安全，不会受到任何的伤害。这也是为什么胆小的人也能够在高空勇敢地一跳，而在地面桌子上不敢跳的原因。没有安全绳，如果摔下来谁能承担这个责任？

要想在企业内部激发员工的动力，在构建管理体系的过程中，就需要设置这样的"安全绳"，企业要有合理的容错机制，否则会出现做多错多，错多批评多，慢慢地就会打击员工做事的积极性与主观能动性。

管理者是否在企业内塑造一种容错机制或相对轻松的环境，我们可以通过"氛围调查问卷"来对组织进行解析，具体内容见表3-5。

表3-5　年度团队氛围调查问卷

1. 本问卷不记名，对象为某企业内部相关部门的人员
2. 请在对应的选项上填写分数，只能选择一个答案

序　号	行为表现	评价依据及分值				
		几乎没有	偶尔为之	频率中等	频率偏高	一贯如此
		1分	2分	3分	4分	5分
1	我所在的部门，管理团队的行为表现正直、诚信，值得我信任					
2	我所在的部门，管理团队充满激情的工作状态感染和激励着我					
3	我的领导营造了简单、坦诚、阳光的团队氛围，我喜欢所在团队的氛围					
4	我所在的部门，管理团队始终把企业利益放在第一位，坚决对损害企业利益的事情说不					

续上表

序　号	行为表现	评价依据及分值				
		几乎没有	偶尔为之	频率中等	频率偏高	一贯如此
		1分	2分	3分	4分	5分
5	我所在的部门，管理团队坚持业绩导向，始终以工作好坏作为评价下属的唯一标准					
6	我所在的部门，管理团队敢于大胆管理、主持正义，敢于制止和纠正下属的不良行为，决不纵容不良风气					
7	在工作中，我觉得我的意见会受到领导的重视					
8	在工作中，我会因表现出色而受到领导的认可或表扬					
9	我的领导总是及时传达企业的各类最新要求和意图，我清楚个人工作成果与企业总目标之间的联系					
10	考核结束后，领导会向我反馈我的考核结果					
11	我的直接领导会就我的工作结果主动向我反馈意见，及时解答我在工作上的问题和疑惑，并向我提供支持，以帮助我更快、更好地完成工作					
12	在过去的六个月内，工作单位有人和我谈及我工作上取得的进步					
13	我觉得我的直接领导或同事关心我的个人情况					
14	我清楚我的工资收入是怎么计算的					
15	我的工作成绩和工作表现对工资有明显影响					

续上表

序　号	行为表现	评价依据及分值				
		几乎没有	偶尔为之	频率中等	频率偏高	一贯如此
		1分	2分	3分	4分	5分
16	企业对我的工作要求清晰而明确，我很清楚这些要求					
17	我有做好自己工作所需要的材料和设备					
18	我觉得我所在部门的业务流程在持续优化，管理上不断实现创新和突破					
19	过去一年里，我在工作中有机会学习和成长					
20	我愿意付出额外的努力来完成工作					
合计总分						

说明：① 总分85分及以上，说明团队的气氛不错，员工能积极主动地去推动工作，很少担心做多错多；

② 60分～84分，说明团队的气氛一般，员工能在领导的安排与授权下做好自己的工作；

③ 59分及以下，说明团队的气氛较差，员工能不做则不做，担心做多错多，做好不奖而做错则罚。

在人力资源活动中，组织能力的重要人力资源杠杆关系，见表3-6。

表3-6　人力资源杠杆关系

项　　目	员工能力	员工思维	员工治理
人员配置	√		
培训发展	√		
评　估		√	
奖　励		√	
组织设计			√
资讯传送			√

第三节　人力资源效能设计的三原理

企业管理的本质即人力资源管理，企业的效能就是人力资源效能，再具体讲就是人均产出效能。如何有效地激发组织的活力、人才的活力？可以从三个层次进行解析，即组织效能、团队效能、个人效能。

一、组织效能

组织效能的核心点是组织绩效、生产率等，我们如何才能提升组织的绩效和生产率呢？

在设计人力资源体系时，第一要考虑到商业环境，例如在广东的企业可以将粤港澳大湾区建设因素考虑进来。第二要考虑行业结构，例如小家电产品与大家电产品行业结构不同，企业的效能就有差异。

在考虑外部两个关键因素之后，就要开始关注企业的内部因素，包括企业战略、核心技术、组织架构、评价体系、核心人才，并结合企业文化特质进行分析，具体内容见表3-7。

表3-7　不同企业内部因素对比

维　　度	本　企　业					竞争 A 企业					竞争 B 企业					备　　注
	1	2	3	4	5	1	2	3	4	5	1	2	3	4	5	
企业战略																
核心技术																
组织架构																
评价体系																
核心人才																
企业文化																

实例解析

我先后给两家做手机周边产品的企业做过顾问。两家企业的产业规模差不多，员工总数均在 100 人左右，他们的产品定位、核心技术、组织架构都接近或者是雷同，但其中一家企业能够做到年营业额2.4亿元，另一家企业却只能做到8 000万元。经过深度调研和仔细分析发现，这两家企业最大的区别在于评价体系和企业文化的差异。

营业额2.4亿元的企业的团队效率非常高，人与人之间的配合度非常好，企业里面没有"小团体"文化，也没有排资论辈，一切以市场为导向、以任务高效为导向、以客户满意度为导向。组织架构相对稳定，可以随时快速组成机动的项目团队。在项目团队里，原有职务只是一线员工的人也可以指挥原有职务是部门经理的人。而营业额8 000万元的企业，别说组建机动团队了，就连常规团队之间也彼此不服气，竞争激励，内耗严重。

二、团队效能

团队效能的关注点为团队绩效、员工的工作生活质量等。从前文提到的组织效能中可以看出，年营业额为8 000万元的企业，其团队效能也可能相对低下。其实，团队效能低的企业，员工的生活质量与幸福感一般也是相对偏低的。

提升团队效能的核心工作不是组织的优化与设计，我们需要从表3-8中的五个维度进行测量。

表3-8　衡量组织的优化与设计的维度

维　　度	本　企　业					竞争 A 企业					竞争 B 企业					备　　注
	1	2	3	4	5	1	2	3	4	5	1	2	3	4	5	
目标清晰度																
运营流程化																
任务合理性																
群体的构成																
群体的标准																

设计组织的五个维度中，最关键的两个是群体的构成与群体的标准，群体的特质在一定程度上占据着道德的制高点，在一段时间内有着十分明确的普遍特征。然而，群体的特征需要与企业的需求相匹配。

三、个体效能

个人归附于团队，团队归附于组织。个体效能呈现的关键点为个人绩效、个人职业发展、工作满意度等。一个人能不能产生高绩效，除了个人因素之外，更多的是要考虑到组织的环境因素，包括组织架构、工作流程、群体特征、个体特征等。

例如，某些中小企业从未规范化，管理一直处于原始混乱阶段，后来也和其他企业一样采用"扁平化""矩阵式"的管理方式，然而几位总经理或高管都是做事"一竿子插到底"，出现了多头管理现象的组织特性。从组织效能的角度进行人力资源规划，合理的规避问题是关键要素。如果将外因都很好地规避了，那么个人效能可以从以下五个维度进行评价，具体见表 3-9。

表 3-9　个人效能评价表

维　　度	自　　评					领　导　评					同　事　评					备　　注
	1	2	3	4	5	1	2	3	4	5	1	2	3	4	5	
技能多样性																
任务创新性																
任务重要性																
主观能动性																
适时反馈度																

在做组织效能设计时，我们可以从组织效能、团队效能、个人效能三个维度做落脚点，落到实处。

第四章

实效的人力资源运行系统

人力资源战略来源于企业的战略，人力资源活动来源于业务实施的过程。从经营的角度分析，人力资源的所有工作都必须从战略与实际业务中来。

具体而言就是围绕人力资源中的"人才和岗位"的关系。如何正确处理人与岗位之间的矛盾关系，平衡相互之间的利益与价值，是人力资源管理研究中的一个永恒课题。

第一节　人才和岗位的辩证统一

随着时代的变化和企业的发展，岗位的定位与职能也随之改变。在人力资源管理这一动态管理过程中，很难能及时调整到位。

一、岗位的变化

组织设计的基点发生变化，过去组织设计基于目标和功能，现在则基于战略业务发展的需求和客户发展导向。组织设计变成了一个适时动态的调整状态，随时都可能基于业务的需求而进行调整。我们了解到大量企业的人力资源部都没有设立组织设计这个岗位。企业的组织设计和岗位说明书可能多年一成不变，导致文件体系和实际工作的"两张皮"。

过去传统的管理职位是稳定的，职责是明确的，工作是重复的、可复制的。但现在快节奏的企业工作，导致职位越来越不稳定，职责划分也变得不清楚，工作是创新性的、难以复制的，还有很多额外的工作内容。组织不断在变、流程不断在变，有的职位会消失、完全动态化，这对于现在人力资源管理的运行体系提出了新的要求。

过去的工作方式按直线职能制进行专业化分工的工作模式，追求个人的专业化；现在更多围绕一项目标或任务进行人才的组合，采用跨团队、跨职能的团队工作模式，追求人才组合的协同性。所以，在处理岗位与人才之间的矛盾中，协同各个部门之间的关系，最基本的准则是权力法则，来自更高层级的协调。现在处理岗位和人才的矛盾则基于客户和市场，更多强调责任和能力，各部门间也是基于客户与市场的需求同级自动协调。因此，基于岗位变化的多样性与复杂性，在设计人力资源的运行系统中要注意的核心有以下三点。

1. 基于职位来确定人才在组织中的地位和价值，不同职位对应不同的地位和价值。特别是某种特殊体制的企业，人的地位很大程度由职位来确定，有时也会出现高职位低价值的现象。

2. 因岗设人，以职位为核心确定人与组织、人与职位之间的关系。职位是固定的，无论是谁都必须严格地按照职能流程去执行，尽可能少地自主创造和发挥。岗位要求大于一切，只有完全符合岗位的特性和岗位的规定事务之后，且能遇到行为与管理风格相对开放的领导，才可以适当发挥和创造。

3. 以职位所赋予的行政权力来处理上、下级关系及组织成员之间的协同关系，权力是协调组织与成员及组织成员之间相互关系的基本准则。职务虽然赋予了一定的行政权力，但是商业体系更注重商业结果的产出，所以，在以组织为核心的人力资源运行体系过程中，需要适当增加商业的竞争因素和商业的自然淘汰规律。

职位分析信息与职位价值成为人力资源各项职能活动的基础与依据，这是人力资源管理的核心基础工作，犹如建设万丈大厦的地基，无论是在以组织为核心还是以人才为核心的人力资源运行体系中，这两项工作都是不可忽略的。

二、人才的变化

在组织和工作发生巨大变化的同时，组织中的人才也发生了很大的变化。特别是现在知识型员工已经成为员工队伍的主体，员工的能力成为企业竞争力的源泉。在多文化背景特征的员工构成下，我们就需要做到"以人为本"，将人才因素有效放大，使其充分发挥应有的价值。

知识型员工个性张扬，具有工作自主性，有自我尊重的需求。他们对工作自主性的要求、自我实现的需求，以及个性的诉求，比其他类型的员工得到了更多的重视，不同层次的需求相互交织在一起，其需求层次结构要素也是重叠的、混合的。知识型员工的参与感越来越强烈，对于沟通、理解和信任有着越来越多的需求，工作自主性和个人潜能的发挥越来越成为一种追求，员工对于机会和发展空间的需求比以往任何时候都更为强烈。

知识型员工不仅是科技型企业的关键人才，同时也是工业型、创新服务型企业的支柱，如何引导好知识型员工，已成为企业管理中的焦点问题之一。知其然，必知其所以然。只有真正了解知识型员工的特点，才有可能引导好知识型员工，即做到知己知彼，百战不殆。我从事人才开发工作二十多年，现对知识型员工的特点总结如下。

（一）精益求精

知识型员工并不一定是受过专业的高等教育，但掌握良好的专业技术是成为知识型人才的关键要素之一。正是因为他们拥有一技之长，一般都十分注意细节与内在的逻辑关系。

对于这类员工，说教与强制管理是没有用的。管理者需要与员工同频，站在员工的立场，用员工的视角与思维去考虑问题。让员工感受到管理者的专业、格局与思想高度，让其得到被认可、被肯定的感觉。

作为知识型员工时代的管理者，对于精益求精的员工应给予多些关心与问候，对于他们的成就进行及时的肯定并给予精神或物质上的奖励。让其有成就后能及时地感受到自己的价值与被尊重的感觉，其实他们真正追求的只是一种感受而已。

（二）个性鲜明

对于知识型的员工，其更追求自我的精神层面。他们服务于自己从事的技能，可能会为了个人专业上的突破，而选择更适合自己的平台。

对于服务于自己专业技能的知识型员工，需要了解其个人职业生涯的规划与期望值。定期或不定期地与他们进行沟通了解，并帮助其进行职业规划的定位与校正，提高企业与其个人职业生涯规划的契合度。做到员工职业生涯规划与企业成长的一致性。

（三）独立性强

知识型员工有知识，有学习能力，特别渴望证明自己，所以不喜欢事事被人控制，在工作中也并不喜欢事必躬亲的领导。管理者做得累，知识型员工执行起来也会累。

对于独立性强的知识型员工，他们并不需要领导把所有的事情都明确化、具体化。这样，对于知识型的员工来说是在抹杀其成长性与创造性，也是对其能力的否认。因此，对于知识型的员工，做管理重在方向性的引导，并非事必躬亲。

（四）好鼓不用重锤敲

发散性思维强是知识型员工的典型特点之一，点子多，观点转换灵活，见一斑而窥全貌。只需"轻点"，即可知道他人的想法与需求。不喜欢做简单、重复的工作，更多的是愿意从事自己没有做过、有难度、有挑战性的工作，不愿按他人设计好的路线去做。

常言道：好鼓不用重锤敲。知识型员工，就像一面好鼓，重敲不得，重敲只会适得其反；轻敲、侧敲，会让你收获到意想不到的结果。

人力资源的管理哲学关注人才、尊重人才、承认人才的价值，因人设岗，为未来战略需求储备人才。承认智（知识）本的价值与人力资源的剩余价值索取权，用责任关系代替权力关系，构建责任与能力导向的人力资源系统。

例如，某企业原设有推广部和空间设计部。推广部的主要工作是对外进行媒体公关和广告宣传，空间设计部主要用于店铺装修设计。这两个部门工作的维度和差异比较大，为平行部门。后来企业请了一位非常优秀的人才将两个岗位进行了合并，成立了企业的市场企划部。这就是我们通常说到的因人设岗，组织也要因为人才的特性而进行调整。

第二节　人力资源运行系统的四大支柱

为了确保企业人力资源有效地运行，需要做好四项工作，即人力资源管理技术、人力资源管理制度、人力资源管理机制、人力资源管理流程。这四大支柱是人力资源开发与管理中最底层的基石，一切的运行体系都是从这里延伸出来的。为了让大家清晰地了解人力资源运行系统的四大支柱，我们先来看看四大支柱与企业战略驱动的关系，如图 4-1 所示。

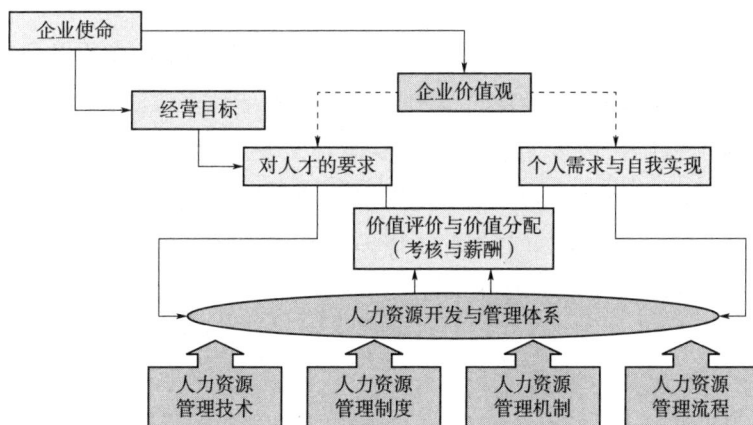

图 4-1　四大支柱与企业战略驱动的关系

一、人力资源管理技术

提高人力资源管理的技术含量。研究、引进、创新人力资源的管理技术，运用人力资源技术，提高人力资源开发与管理的效率。例如人力资源日常事务中，将标准化、流程化的工作交给人工智能机器人来做。

二、人力资源管理制度

科学化、系统化、全面化的制度设计，理性地建立权威性与前瞻性，保证制度在一定时期内的稳定性和可执行性，将可预见性的问题规划进来，在一定程度上确保在制度面前人人平等的规则，规避"法外开恩与网开一面"的特权。

三、人力资源管理机制

要想使人力资源始终处于激活状态，核心是引入机制、竞争淘汰机制、激励机制、评价约束机制。

1. 引入机制：时刻与内、外部人才市场保持良好的沟通，确保高势能、高技能人才有引进的绿色通道，不局限于企业现有的架构体系。

2. 竞争淘汰机制：一般情况下可设立多个工作小组，采用竞争机制并进行目视化看板管理，在合法合规的前提下进行末位淘汰法则。

3. 激励机制：能者多劳，多劳多得且多奖（物质层面）多励（精神层面）。

4. 评价约束机制：全员所有的行为均以企业的管理制度为基础、以业务为导向、以战略达成为牵引。

四、人力资源管理流程

以内、外部客户价值为导向建立人力资源的业务流程体系，即对内视员工为客户，打通人力资源业务流程与企业其他核心流程的关系。

人力资源运行系统的四大支柱对人力资源管理者的角色定位，具体内容见表4-1。

表4-1 四大支柱对人力资源管理者的角色定位

角 色	行 为	结 果
战略伙伴	战略决策的参与者，提供基于战略的人力资源规划及系统解决方案	将人力资源纳入经营管理活动当中，使人力资源与战略相结合
专家（顾问）	运用专业知识和技能研究开发企业人力资源方案与体系，为管理层提供人力资源问题的解决建议	提高组织人力资源开发与运用的有效性
员工心灵师	与员工沟通，及时了解员工的需求，为员工提供精神上的支持	提高员工满意度，增强员工忠诚度
变革的推动者	参与变革创新，组织变革过程中的人力资源管理实践	提高员工对组织变革的适应能力，妥善处理组织变革过程中的各种人力资源问题，推动组织变革进程

第三节　人力资源运行系统的四大机制

人力资源系统运行过程中，重点在于管理机制执行与落地的方式及技巧。本节从四大机制，即牵引机制（拉力）、激励机制（推动力）、约束监督机制（控制力）、竞争淘汰机制（压力）进行分述，帮助大家更好地理解人力资源系统运行的内在逻辑。

一、牵引机制（拉力）

管理者通过明确组织对员工的期望和要求，使员工能够正确地约束自身的行为，最终组织能够将员工的努力和贡献纳入帮助企业完成其目标，提升其核心能力的轨道中。企业的拉力牵引机制，在于向员工清晰地表达组织和工作对员工的行为和绩效期望，类似于乐队的指挥棒，全体歌唱家无论平时有什么样的优势，集合在指挥棒下，就需要统一按指挥棒的要求来调整自己的行为与方式。

牵引机制主要依靠企业的价值观与目标牵引、职位管理与任职资格体系、业绩管理体系、职业生涯与能力开发体系等人力资源管理模块来展开。

二、激励机制（推动力）

人才激励方式有两种：一种是内驱力激励，这种情况下企业只需要提醒或设定目标即可；另一种是外驱力激励，由于人才本身的动力不足，需要企业帮助其设定目标，帮助员工唤醒做某件事的意愿，这种意愿是以满足员工的个人需要为前提条件的。

俗话说，成功的管理者是半个心理学专家，成功的人力资源工作者是一位优秀的心理学专家。要想能推动员工的动力，就需要把握与满足员工的内在需求，而员工的需求一般意味着其内在特定的心理或情绪的需求，这种需求是基于生理或者心理上的缺乏。只有把握其内在需求的本质，方能成功激励员工。

激励机制一定要构建分层分类的多元化激励体系，比如职权、晋升机会、工资、奖金、股权、荣誉、信息分享、学习深造。多元化薪酬体系与全面薪酬设计包括基于职位的薪酬体系、基于能力的薪酬体系、基于市场的薪酬体系、基于业绩的薪酬体系等。

三、约束监督机制（控制力）

无规矩不成方圆，管理者渴望员工拥有奉献精神，但不能在道德层面去要求所有的人都做到，而需要通过约束机制、红线机制来确保员工的行为符合岗位职责与企业的要求，使其始终在预定的轨道上运行。

例如，企业以目标责任体系和任职资格体系为核心的职业化行为评价体系，要求建立相应的机制和制度：信息反馈与监控、目标责任体系、经营计划与预算、行为的标准化、工作的职业化、基本行为规范与核心行为准则。通过一系列机制来确保员工不犯错或少犯错。

四、竞争淘汰机制（压力）

将不适合组织成长和发展的员工释放于组织之外，同时将外部市场压力传递到组织之中，而激活企业的人力资源，防止人力资本的沉淀或者缩水。企业的竞争与淘汰机制在制度上主要体现为竞聘上岗与末位淘汰制度的原则，通常强调四能：能上能下、能左能右、能进能出、能升能降。

在制订每年的年度经营计划时，需要同步进行人才的盘点与规划，包括内部创业制度、轮岗制度、待岗制度、内部人才市场、提前退休计划、自愿离职计划、学习深造计划等，将最合适的人调整到能最大限度发挥其价值的地方。

企业实际运行的竞争淘汰机制流程如下。

（一）人员退出动因和依据研究

基于战略、业务发展与组织结构需求确定组织的人才需求（定岗、定编、定员）及任职资格条件，为人才的配置和人才的退出提供科学依据。

（二）人员退出的氛围营造

通过企业文化的有力宣导，引导健康的企业文化，调整员工心态，营造退出的良好舆论环境并对非正式组织进行有效掌控。在企业里渲染功成名就的退出气氛，所有退出的人员，都提前对他们过往的业绩进行挖掘与宣传，使退出的待遇更加合理。

（三）科学地选拔与评价人才（转岗或二次上岗）

甄别员工适不适合某岗位，其准确性非常重要，是保证结果公平的重要因素。只有将人才放到合适的岗位，企业效率才能提高，同时退出的员工也才能认同。这需要科学地对员工进行测评，确保筛选出符合企业战略需求的员工。同时开发岗位任职资格标准，选拔所需人才。

（四）人员退出通道设计（多通道、分层分类、逐步退出）

采用多种方式，实现人员的逐步退出。对在职状况（组织层级、年龄、学历、业绩、心智、动机等）进行分析，针对某共同特点的预期反应，制定相应政策。预测每项政策适应人群及其反应，建立应急预案。多给员工机会、选择，逐步降低预期，途径包括：内部创业制度、自愿离职计划、提前退休计划等。

（五）人员退出拉动机制

建立有吸引力的拉动机制，降低抵触情绪，解决在岗和退出差距过大、心理不平衡等矛盾。途径包括：①建立符合企业情况，有一定弹性的利益拉动机制；②建立有效、简洁的成就补偿机制（荣誉或职级追认）；③人性化运作方式；④内部分流，有效拉动退出行为。

（六）人员退出补充机制

为保证退出公平公正，防止人才退出给企业带来资源流失，应建立相应退出补充机制。途径包括：监督机制、防止"暗箱"操作、竞业禁止机制、离职面谈机制、保密协议机制、核心人才培育补充机制等。

实例解析

2007年，阿里巴巴开始进行干部轮训，目的是解决企业发展中领军人才断档的问题。开展轮训的原因是随着阿里巴巴的发展，创业团队面对急剧的市场变化，产生了后继乏力、亟待"补氧"的状况。

管理者对问题的认识是很清醒的，明白现有的领导团队需要优化，能力需要加强，简单地开展培训班是不够的。于是要求高管们全心去"进修"，全部"走出去"。既做好了平稳的过渡，又不能伤了"兄弟们的心"。在接下来的几年时间里，几乎所有高管都放下了手中的事务，去到世界名牌大学进行全日制的进修。

第四节　人力资源运行的六大系统

人力资源的系统性基于企业战略的达成进行人力资源规划，特别是组织及人才结构，这是企业人力资源一切活动的开端。明确组织之后的核心工作是需要进行人才胜任力评价，确保人与岗的有效匹配。过程管理中，最重要的是提炼出岗位的关键业绩及关键行为指标，并进行体系化关联的绩效体系。

基于绩效反映出来的能力进行薪酬规划与匹配。对于在岗人员，也需要定期对其任职资格的职业化行为进行复评，时刻保障人在心在。为了做到人才与企业同步发展，过程中的动态培训，对新技能、新知识、新态度的时时培训工作必不可少。人力资源运行系统模块，如图4-2所示。

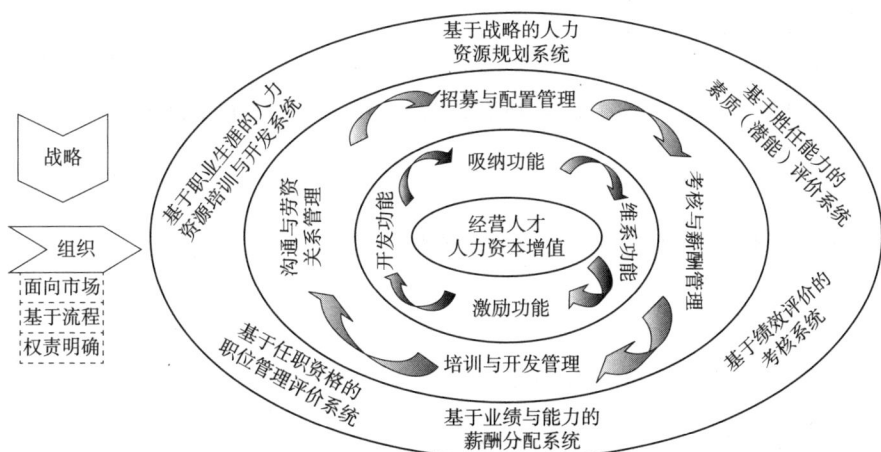

图4-2 人力资源运行系统模块

一、基于战略的人力资源规划系统

企业战略是人力资源规划的起点，如果不了解企业的战略，没有走近业务内核而进行的人力资源活动，可以说是无的放矢。战略决定人力资源的配置、储备和开发等人力资源规划，确保企业关键人才队伍的稳定和提高，不断加大其他相关专业人才的培养、储备和开发，制订内部培养与外部引进计划，为企业战略发展奠定坚实的人才基础。

二、基于胜任能力的素质（潜能）评价系统

从组织战略、客户需要和竞争要求出发，对各职位高绩效员工的内在

素质进行深入分析，总结各类员工的成功素质模型，并以此素质模型为基础，建立相应的人才招聘和选拔标准。真正做到选合适的人才到合适的岗位，人尽其才，充分发挥人才的潜能，建立人才竞争优势。

三、基于绩效评价的考核系统

建立分层分类的关键绩效评价体系，高层管理者采用述职报告制度，中基层员工采用季度绩效考评制度，操作层员工采用月度测评制度。绩效目标的设立源于战略目标和职位责任，对中高层领导的考核更强调结果指标，对中基层管理者的考核更强调行为过程，考核结果与员工的分配和晋升挂钩。

四、基于业绩与能力的薪酬分配系统

实行业绩与能力导向的薪酬分配制度，员工的收入直接取决于员工对企业的贡献，企业承诺只要员工的付出和投入有价值，就一定能够获得合理的回报，贡献越大，回报越高。

五、基于任职资格的职位管理评价系统

任职资格标准是对高绩效员工行为的分析、总结和提炼，源于工作，并引导员工不断进步，通过任职资格标准的建立及资格认证，开放多条职业通道，为员工晋升与薪酬调整提供决策依据。

六、基于职业生涯的人力资源培训与开发系统

主动帮助员工进行职业生涯规划，提倡立足本岗规划事业远景，每一岗位都是完成自己目标的一个步骤。员工应根据规划加强自学，结合岗位不断提高自己的能力和素质，企业将针对员工的职业生涯制定多样化的职业培训和开发课程，帮助员工提高终身就业能力。

第五节 人力资源运行系统的一个核心

华为的人力资源运行体系是业内的楷模，也是大家争相学习的标杆示范。华为的员工24小时处于待命状态，随时准备参加全球业务伙伴的会议，没有白天与黑夜之分。华为的这种奋斗和拼搏精神，也有一个非常重要的支点，即华为的员工薪酬收入比较高，付出劳动有价值成果的回报，高收入必然要有高强度的付出。华为在人力资源运行系统中强调的一个核心是价值与分配，即价值创造、价值评价和价值分配。

一、价值创造

明白创造要素的价值定位，谁创造了企业的价值，价值创造理念的整合。谁创造、谁付出，谁就受益的价值体系，多劳者多得，奋斗者为本是华为的企业价值观。如何分析是谁在创造价值？先看一则小寓言。

禅师为了启发徒弟，给徒弟一块石头，让他去菜市场试着卖掉它，这块石头很精致、很美丽。师父说："不要真的卖掉它，只是试着卖掉以了解它的市场价值。"徒弟来到菜市场开始招揽顾客，许多顾客看着石头想：它可以是很好的小摆件，孩子可以玩，或者可以把它当作称菜用的秤砣。于是他们出了价，但只不过几个小硬币。徒弟回来回复禅师："它最多只能卖几个硬币。"师父说："现在你去黄金市场，问问那的人。但是不要卖掉它，光问问价。"从黄金市场回来，这个徒弟很高兴，说："这些人太棒了。他们乐意出到1 000元。"师父说："现在你去珠宝商那儿，但不要卖掉它。"徒弟去了珠宝商那儿。他简直不敢相信，他们竟然乐意出5万元，徒弟不愿意卖，他们继续抬高价格——最高出到10万元。

这个故事给我们带来许多思考与启示，同样的物件，同一个人拿去卖，在不同的场合得到的价值回报却完全不一样。那么，核心要素在哪里呢？禅师的指引，即策划人的策划思路。

在企业的运行体系当中，我们最常见的价值创造部门是营销部门、生产部门和研发部门，而人力资源、财务等内勤部门，好像并没有直接创造价值。通过这个小寓言故事可以看出，企业是一个整体，相互的配合、相互的支持，才能使企业的价值更大化。

价值创造是一个闭环，需要企业生态链上的全体同人齐心协力，共同努力，例如第三章中写到的海尔走向国际的案例，虽然海外销售员功不可没，但没有国内近100名同事的全力支持，也无法让这一订单成为事实。

二、价值评价

通过基于人才价值本位的价值评价机制与工具，结合素质模型为核心的潜能评价系统，将任职资格为核心的职业化行为评价系统通过KPI和关键行为指标（key behavior index，简称KBI）相结合形成绩效考核系统，配合企业定期（建议以季度为单位）的经营检讨及中期述职报告进行企业与团队及个人绩效改进系统，以提高管理者人力资源管理责任为核心的绩效管理循环系统。

在价值评价这个环节，很多企业做得非常随意，认为是人力资源的工作，其实人力资源工作并不是人力资源事务，而是各职能管理者的一个核心任务。一个优秀的管理者，首先必须是一个合格的人力资源管理者，所有的管理工作都可以概括为人和事，而人才就是最核心、最机动、最灵活多变的资源。正因为人才的多变性、多样化和复杂性，所以在管理的过程当中，管理者需要通过一把尺来评价与衡量企业员工的行为价值及行为创造是否符合企业的实际需求。

价值评价有一套科学的理论和工具。没有系统学习过管理或者是人力资源评价的管理者，经常会以个人的喜好来评判。这里举个例子，让大家明白价值评价的重要性。

实例解析

在广州某产研销一体化的企业，没有科学系统的管理系统与评价体系，他们虽然也做了绩效考核，但没有与经营数据进行关联，所谓的考核只是管理者凭感觉与印象在打分。

企业产品研发部门有二十多位同事，有一位设计师康小姐，在工作中非常善于表现自己。例如，企业每一次的审板，她都能够发表自己独到的见解，侃侃而谈，意见很有针对性和价值，所以研发总监和总经理都对她予以极高的评价，每次在印象中的评价中，她都排在研发部的第 1 位。

后来，我在帮该企业做绩效评估的时候，将设计师的能力分为八个关键维度，具体见表 4-2。

表 4-2　评估设计师能力的关键维度

序　号	维　　度	释　　义	计算公式	权　　重	备　注
1	审板通过率	设计师设计产品图纸，通过评审到技术部去打样制作成样品通过率	通过审板数 ÷ 设计稿总数 ×100%	按企业的不同阶段与管理特点进行配比	
2	打板直通率	通过审稿后的图纸到技术部打样成品过程中，是否还需要进行修改，及修改的次数	打板过程中修改图纸数 ÷ 打板总稿数 ×100%		
3	选款通过率	打样后的样品由研发、营销、市场、客户等一起选择哪些上订货会，向客户作样品展示	选中款数 ÷ 总打样数 ×100%		
4	客户订单排名	在订货会上，客户对设计师所设计的产品下单的情况	设计师设计的产品，在订货会上的客户订单数排名		
5	产品动销率	产品上市后，在市场上的实际销售情况	销售周期内实际销售量 ÷ 总订单量 ×100%		
6	成本控制排名	设计师开发产品过程当中的成本管控	设计师设计周期内的订货款数 ÷ 总成本		
7	商业价值比	能否用更低的成本设计出更高价的产品	例：100 元的原材，A 设计师的产品可定价 1 000 元，而 B 设计师的产品只能定 800 元的性价比		
8	产品贡献排名	设计师在设计周期内所有产品为企业贡献的利润排名	销售周期结束后，设计师产品给企业提供的毛利排名		

我们通过以上这八个维度对过往两个季度的产品进行综合排名之后，那位能说会道、侃侃而谈的设计师，在同级的 7 位设计师当中，分别排在第 3 位和第 4 位，可见价值评估的重要性。

个别民营企业，在管理上可能会相对随意，很多时候会以总经理的意念为主导。长此以往，这种现象会打击那些真正能为企业创造价值的设计师，使他们失去对企业的信任与认可。

三、价值分配

涉及价值分配的有：原则、目的、标准、工具、对象、依据、表现形式和实现形式、价值分配界限与水平、价值分配的重点、价值分配的制度等。价值分配得好，正向促进企业人效提升，分配得不好，将为企业的发展埋下一个"哑雷"，何时爆发、威力如何都不得而知，可能让人防不胜防。

科学的价值分配是价值创造要素的重新集聚、组合和增值问题，这是价值链循环的转折点。其涉及的具体问题包括：企业全部资本的所有权问题（是否归属于最初出资者），价值创造源泉（劳动、知识及企业家的管理和风险的贡献），内外部风险资本转化问题。

价值分配让员工可以直接且自由支配自己的劳动成果，是满足员工物质需要和精神需要最直接的经济基础，能让员工体现出自己的价值与社会认同度。价值分配体系所要解决的问题包括以下两个层面。

1. 内部微观层面的价值分配体系，即把企业创造的价值一部分分配给员工，满足员工物质精神的需求；另一部分用于再发展，为企业发展壮大提供资金支持。

2. 外部中观层面的价值分配体系，即将企业创造的价值一部分分配给社会，除了正常的纳税之外，还需要进行一定的社会回报性的分配，承担社会责任，为社会作出贡献。

例如：联想集团创始人柳传志曾说过，产业报国是我毕生的信念；

中国石化将"贡献国家、服务社会"作为企业的使命之一。

因此，任何一家企业都不能将其创造的全部价值完全分配给员工与股东，所以说价值分配不是被动的分配过程，而是资源的重新配置过程。它既是价值链循环的终点，又是价值链循环新的起点。在这一层面上价值分配体系的关键不是提出分配方式，而是应该确立其理念，即价值创造和价值评价理念相一致的价值分配理念。

实例解析

某企业已有 13 年的历史，做 LED 灯生产与销售，年营业额约 5 000 万元，企业总员工人数在 90 ～ 110 人之间。企业近几年来一直处于亏损状态，这一点让企业负责人很不能理解，人数也不多，产值也还可以，怎么会出现亏损呢？

我们对其企业进行诊断与分析，发现企业最大的问题是管理层对企业经营结果毫不关心，认为做好自己的事情就可以，企业净利润与发展是总经理的事情。2016—2017 年连续两年出现亏损。同时发现每年因企业产品品质问题、交期问题等，赔付给客户的数额均是 500 万元左右，即达到营业额的 10%。

如果没有营业额 10% 的赔付，那么企业是不是就有 10% 的净利润？在与企业两个负责人分析后，建议将 2018 年净利率定在 7%，超出部分进行价值分配。在征得负责人的认同之后，我们请财务将 2015—2017 年，连续几年的赔付清单整理出来，组织企业的主管级别以上的 9 位管理者开会讨论。由企业财务人员向大家分析每一笔赔付的原因与金额，并请负责人在现场与所有管理者签订了一份利润分配表：2018 年企业净利率定在 7%，超出部分 80% 发给管理层；2019 年企业净利率定在 8%，超出部分 50% 发给管理层。

这个会是在 2017 年 11 月召开的，在 2017 年 11 月、12 月连续两个月召开了成本分析与利润管控会。从 2018 年起正式开始实施，原计划 2018 年以季度为单位开展经营分析会，由于 2017 年 12 月的管理做得比较好，当月的管理效率就提升了，让管理层看到了希望，2018 年他们主动以月度为单位召开月度经营分析会。2018 年底，当年的业绩为 5 380 万元，净利率为 9.7%，即实施首年的净利润为 521.86 万元（=5 380×9.7%），管理层可分得利为 116.208 万元 [=（521.86-5 380×7%）×80%]。

事先约定的分配对象为：9 位管理层、2 位技术人才、3 位业务精英，共14 人分享利润。人均可以分得 8.3 万元人民币，通过价值的再分配激发了管理层与核心人才的活力（说明：当时设置了分配参数，并不是按平均分配的）。

企业的分配机制与形式可以多样化，如：机会、职权、工资、奖金、红利、股权、信息、分享、认可、学习等，当在企业的实际运行过程中，我们需要提前做规划，建立分权的机制、授权制度、报酬体系的建立、报酬的内在结构与差异，核心组织权力和经济利益分享等都相对完善。

企业经营管理过程中，其毛利润由企业的战略、技术、产品结构和市场结构所决定，但企业的净利润却可以通过有效的人力资源运行体系来降低人工成本、管理成本，有效提升企业人效，从而提高企业的净利润率。

第六节　人力资源运行系统的最高境界

千里马常有，而伯乐不常有。管理者为人才扫除障碍，帮其树立权威，让人才在工作岗位上能高效能地工作并创造有利条件。其行为看似简单，实则是不拘一格降人才、唯才是举的文化理念。组织中只有塑造出这样的文化氛围，才能更好地凝聚人才，激发出人才的内生驱动力。

一、通过企业文化增强员工自驱力

文化是人类进步的基石，优秀的企业应以文化自信为主。例如，海尔兼并其他企业时，最先派出的团队一定是企业文化部的同事，通过海尔文化的输出，改善被兼并企业的环境与团队的氛围。

三流的企业强调产品，二流的企业强调品牌，一流的企业强调文化。可见企业文化对于企业发展的重要性。优秀企业文化的根本目的是要从

"他律管理"到"自律管理"，将员工从外驱力向内驱力转变的过程，即员工从主观上进行自我开发与管理。

文化在企业内部所带来的向心力、自驱力毋庸置疑，优秀企业一定是由一群具有相同使命感、共同价值观、相同内驱动力的人推动的。企业只有有了忠诚善战的追随者，即使是企业危难时刻也能战胜一切，哪怕是经历了数十次的失败，亦能做到愈战愈勇，愈挫愈勇。

二、通过企业文化调动员工积极性

企业经营过程中所有问题都归结于人。每个人都有自己的意愿与认知，企业文化就要研究人、研究人的意愿、人的心智、人的思维模式、人的行为方式，如果员工本身没有被充分激励去向目标挑战，当然不会有企业的成长。所谓团队精神、团队文化，就是要充分兼顾员工个人的利益、员工的人生目标、员工的爱好和志向，充分调动每个员工的积极性，激励他们为企业的共同事业贡献力量。

实例解析

阿里巴巴的企业文化想必大家耳熟能详，在企业成立初期，来自通用电器企业的关明生，在入职阿里巴巴任COO的第5天，就和管理层的几个人一起讨论企业文化的事情。关明生问阿里巴巴有没有价值观，他们说有，可是却从来没有写下来过，关明生说："为什么不写下来？"于是他们开始讨论，并且开始制定企业的目标。

制定出来的目标是：做80年的企业，做世界十大网站之一，只要是商人就用阿里巴巴。后来将时间修改为102年，横跨3个世纪，进而提出了阿里巴巴的使命：让天下没有难做的生意。

通过企业文化的输导建立企业与员工的心理契约，使企业与员工达成共识，从而协调企业对员工的需求与员工个人需求之间的矛盾，促使个人与企业共同成长。

第五章

人力资源提升企业"软实力"

"软实力"是相对于"硬实力"的一种理念，如国内生产总值、城市基础建设等为"硬实力"，那么文化、价值观、社会制度等因素就是"软实力"。可以简单地说："软实力"是一切非物化要素所构成的实力。国家"软实力"分为：个人"软实力"、企业"软实力"和地方"软实力"。企业"软实力"可分为：干部体系、绩效评价系统、执行系统、营销系统、领袖系统等。

"软实力"的核心是文化，文化自信是国家"软实力"提升的重要标志，因为文化自信是一个民族、一个国家对自身文化价值的充分肯定和积极践行，也是对其文化的生命力持有的坚定信心。现代企业将"软实力"作为企业的一项重要标志，企业家通过对企业特定资源的拥有、转化和传播，吸引企业利益相关者等客体，以获取其价值认同，使自己产生预期的行为，最终达到企业经营目标的一种能力。

"硬实力"以经验为基础，通常可以在短期内获取，而"软实力"只能立足于企业本身长期的践行与宣导，从潜移默化中逐步提升。因此，企业要着眼长远重视"软实力"，把提升企业"软实力"作为一项长期而重要的工作。提升企业"软实力"做到系统规划、战略牵引、合理投入、重点突出，长期的"软实力"建设，在关键时刻能起到重要作用。

第一节 企业"软实力"的内涵

企业短期发展靠产品，中期发展靠系统管理，中长期发展靠关键人才，长期稳健发展靠文化。企业过了生存期之后，就应重视科学、系统、完整的现代化管理体系，同时开始有意识的提取企业独特的行为方式与理念。

企业文化是企业发展不可缺少的内在精神支柱和动力源泉，它反映的是企业的生存方式和价值观。优秀的企业文化可以促进企业兴旺发达，使企业保持长期稳定和持续发展。当今世界，企业之间的竞争已从有形产品竞争逐渐上升为文化的竞争。

想要全面提升企业的"软实力"，首先从企业创始人的创业理念开始。企业家的创业理念是企业"软实力"的起源点，由企业家的个人修养、商业素质、经营理念、合作诚信等几个维度组成。企业家的自我修复能力、驱动力和自我完善力，能够激发团队士气、改变员工行为、塑造企业精神，从而打造优秀的运营体系。

例如，本书第二章第一节中写到的做大健康的企业，企业原本没有受到客观环境不利因素的影响，而企业家想借着由头给员工降工资，这是典型的经营理念不正向。具有讽刺意味的是，该企业家在企业里经常要求全体员工"正直、真诚"，但企业家自己却不正直、不真诚。如果企业真的遇到大危机时，想必他的员工也会如他这次的行为一样，背弃而去。

一、塑造企业形象

企业形象指的是人们对企业的主观印象，是企业"软实力"可感知的部分，对开拓市场、赢得客户认同强有力的保障。优秀的企业总是会全面考虑上下游共生共荣的企业形象，而绝不会有"店大欺客"的行为或意念。可以考虑从以下三点塑造企业形象。

1. 积极提升企业的经营形象。主要包括：企业精神、经营理念、合作理念、售后服务等方面的形象。

2. 塑造企业的内在形象。主要包括：办公环境、营业场所环境、员工行为规范和员工的身心健康等方面的形象。

3. 积极宣传企业社会形象。企业对外所有的窗口人员，都应保持良好的职业形象，以积极、主动、真诚的态度尊重每一位伙伴，无论是甲方还是乙方。对外公关部门需要与新闻媒体保持良好的沟通，不定期地在各类媒介中正面宣传企业，也需要关注媒体上可能出现的负面新闻，及时进行公关处理。

二、塑造品牌形象

品牌是一个名称、名词、符号、设计，或者是它们的组合，其目的是识别产品或服务，并使之同竞争对手的产品和服务区别开来。品牌是通过以上要素及一系列市场活动而表现出来的结果所形成的一种形象认知度，感觉，品质认知，以及通过这些而表现出来的忠诚度，是企业最重要的"软实力"。

品牌的基本功能是促使消费者对品牌产生好感，使品牌对用户产生影响力。成功的品牌都要有一个"代品词"，例如：当提到好空调时，首先想到的是不是格力？当提到创新时，是不是会想到华为？当提到优质购物平台，是不是会想到京东？这就是品牌形象，他们是通过自己长期积累的"硬实力"基础，通过管理机制持续保障高品质、快速迭代、严格把关入驻平台的产品，在人们心中形成的一种烙印。

企业的品牌分为三种：一是企业品牌，是企业的长期可持续发展的体现；二是产品品牌，是企业当期业绩的支撑；三是雇主品牌，是将产品品牌有效转化为企业品牌的介质，更是企业将品牌的知名度和美誉度相平衡的关键。

在塑造企业的品牌形象时，要做到以下两点。

1. 要突出与强化自己的差异性，创造品牌优势，使其成为其他企业无法复制的核心竞争力。例如，2023 年，华为提交的专利申请数量为 3.6 万件，这是华为历史上新公开专利数最多的一年。截至 2023 年底，华为累计公开专利已经超过 33.6 万件，累计向国内外标准组织贡献技术提案超过 13 万篇，在全球共持有有效授权专利超过 14 万件，累计发表学术论文超过 6 000 篇。

2. 品牌核心价值是品牌提升影响力的支点，品牌的一切传播活动都要围绕品牌核心价值展开。例如，华为的核心价值观：以客户为中心。华为认为客户需求是企业发展的原动力，也是确定奋斗方向的基础。以奋斗者为本：强调对奋斗者的评价和激励，确保企业能够提供活力的源泉；长期艰苦奋斗：这种精神能赢得客户的尊重和信赖，是华为长期成功的关键；坚持自我批判：鼓励员工进行自我批判，以改进不足，实现更好的自我提升。华为的服务精神与奋斗精神跃然于眼前。

第二节　构建最佳顾问品牌形象

本小节我们具体谈谈与人力资源活动密切相关联的品牌建设：雇主品牌建设。

一、雇主品牌的溯源

经典品牌理论认为，品牌是产品和消费者的一种关系。随着品牌理论发展，发现企业与雇员间同样存在雇主与雇员的关系，因此雇主品牌应运而生。

2005 年，中国年度最佳雇主评选活动由智联招聘与北京大学企业社会责任与雇主品牌传播研究中心联合发起。截至 2023 年底，已连续组织评选19 届。评选标准主要评估企业的长远发展能力、打造和谐生态能力、兼听共赢能力、突破创新能力和企业的数字责任意识。长远发展能力涵盖可持续发展在企业人才选拔、晋升、绩效考核、价值观、发展战略和组织架构中的体现；打造和谐生态能力涵盖企业的绿色金融和负责任投资、减碳减排举措；兼听共赢能力涵盖企业对多元化与包容性的实际举措；突破创新能力涵盖企业在产品或服务、内部员工交互模式上的创新；企业的数字责任意识涵盖企业的数字化投入、数据隐私保护、网络安全和数据算法合规等。具体见表 5-1。

表 5-1　中国年度最佳雇主评选活动

奖　项	奖　名	数　量	企业参与条件
年度大奖	中国年度最佳雇主 100 强	100 家	
	中国年度最佳雇主 30 强	30 家	
单项奖	中国年度最受大学生关注雇主	10 家	企业在职正式雇员不少于 100 人 企业持续稳定经营 3 年以上 企业在 2023 年度无重大劳动安全事故 企业在 2023 年度无重大劳动纠纷
	中国年度最受女性关注雇主	10 家	
	中国年度最具社会责任雇主	10 家	
	中国年度最具发展潜力雇主	30 家	
	中国年度最具智造精神雇主	30 家	
	中国年度最具数智创新力雇主	10 家	

二、雇主品牌呈现企业的实力

雇主品牌是与客户服务品牌同等重要的内部品牌，是雇主对目标人才（包括潜在人才、离职员工和现有员工）承诺并兑现的独特体验，是目标人才对雇主作为工作地的所有功能和情感方面感知的总和。

雇主品牌能很好地体现出企业的实力，提升企业知名度，其产品和服务在市场上有很强的竞争力，企业持续发展能力强，具有远见卓识和有个人魅力的企业家。

智联招聘与北京大学企业社会责任与雇主品牌传播研究中心发布的"2023 中国年度最佳雇主 30 强"正式揭晓，腾讯、宝马（中国）、招商银行股份有限公司、中国一汽、中国移动、比亚迪股份有限公司、中国邮政储蓄银行股份有限公司、京东集团、宁德时代新能源科技股份有限公司、中国人民保险集团股份有限公司等企业获得该称号。这些企业都是我国某一领域的代表者。

雇主品牌企业都拥有较为完善的管理制度和科学的管理工具，戴维·尤里奇在 1997 年提出三支柱模型，即专家中心（COE）、人力资源业务伙伴（HRBP）和共享服务中心（SSC）。最佳雇主品牌企业基本均为先行者，例如，腾讯在 2005 年将人力资源下沉到业务系统制（BU），2010 年正式组建 SSC 团队，经过企业内部实践改良了人力资源平台部（SDC）体系。华为也在第一时间运用人力资源三支柱，并于 2014 年在内部运用到成形。

三、最佳雇主品牌的主要特点

最佳雇主品牌企业最重要特点之一就是将人才作为资本来运营，其主要的特点如下所述。

（一）企业家具有远见卓识和个人魅力

最佳雇主品牌是企业对外呈现综合实力的展现，而企业的综合实力形象最核心的要素就是企业家的个人形象。为什么有些企业很难过百年？核心要素就是创始人缺乏卓越的远见。阿里巴巴提出存活 102 年的企业目标，横跨三个世纪，这是目前我国企业家将企业定位在百年企业的第一例，当然阿里巴巴管理层的人格魅力已被事实证明，例如，蔡崇信，耶鲁大学硕士毕业，1999 年，看到阿里巴巴的发展潜力，放弃近百万美元的年薪的工作，加入阿里巴巴，拿着 500 元的月工资。

（二）人力资源战略贯穿企业经营过程

企业常见的价值链：市场调研、产品立项、产品研发、原材料采购、生产、工艺、品质、仓储、销售、售后服务……这一连串的可见的价值链，好像与人力资源的工作无关。

例如，某企业季度招商会圆满完成任务，在总经理的指示下，人力资源部组织全体管理层及营销中心聚餐庆祝。HRD（人力资源经理）在表示祝贺时，营销中心大区总监说："今天是我们营销中心的庆功会，你们人力资源部什么都没做，根本没资格参加庆功会。"营销中心的 40 多位同事一起起哄，总经理也当什么事情都没有发生。

为什么会出现这样的情况呢？最主要的原因是企业总经理也对人力资源部不重视，这种感受传到整个企业，各职能部门当然也不将人力资源部放在眼里。企业的人力资源管理价值能呈现出来吗？当然不能。

托尔斯泰在《安娜·卡列尼娜》的开篇就说:"幸福的家庭都是相似的;不幸的家庭各有各的不幸。"这句话运用在商业上亦然,成功的企业都拥有相似的价值观,失败的企业却各有各的不同。

我们一起来梳理一下华为的人力资源管理里程碑:1995年,建立"华为公司基本法";1996年,建立人力资源部,引荐IBM做管理咨询;1998年,建立以岗位价值为基础的薪酬体系,建立任职资格体系;2001年,任职资格管理开始在企业内部全面推广;2002年,开设长期激励项目,内部股改为期权;2005年,成立华为大学,开始人岗匹配、易岗易薪;2006年,深化人岗匹配、易岗易薪;2008年,关键干部全球领导力提升,饱和配股,关注首席员工健康与安全;2010年,开始HRT(全球人力资源转型),开展销服体系组织变革项目;2012年,建立华为特色的阿米巴经营模式;2013年,建立倒三角式的人力组织架构;2014年,人力资源三支柱正式成形;2015年,建立人力资源管理的"铁三角";2017年,人力资源改革,进行人员优化;2018年,发布人力资源管理2.0纲要;2019年,成立战略研究院,组建人才团队探索新项目;2020年招聘天才少年;2024年11月提出"四新"战略,包括新入口、新业务、新体验和新运营;等等。

四、雇主品牌的价值

(一)引才

帮企业吸引市场上最佳的人才,可以形成外部优秀人才的蓄水池,企业良好的美誉度对人才更具吸引力。

(二)留才

起到标杆作用,留住核心员工,增强员工忠诚度,实现人才与企业同步成长。

(三)保障

为企业在产品品牌和企业形象品牌的发展上提供优秀人才保证,保障企业具备可持续发展的能力,减少雇佣双方适配的风险。

（四）产能

降低招聘成本及薪酬成本，降低员工流失带来的成本，增加企业的无形资产。

创造良好的雇主品牌是人力资源管理发展的根本要求，能真正意义上解决企业"吸引人才"和"留住人才"两大难题。

雇主品牌在校园招聘中的价值有以下三点。

1. 增强企业在校园品牌的无形资产，吸引学校优秀专业中的一流人才。例如，2018 年我去某 985 高校招聘时，发现电子相关专业前 20% 的学生只考虑像中国南方电网有限责任公司和华为这类企业，其他的企业几乎不考虑，哪怕是给出更丰厚的报酬，也无法打动学生。

2. 提高企业在校园中的知名度与美誉度，降低招聘成本甚至薪酬成本。对于非雇主品牌来说，在校招时，很多名牌院校都不直接接待，需要通过第三方机构代理才能进校园，进了校园后，推广、宣讲都是很大的问题，哪怕费了九牛二虎之力，来参加面试的人也是寥寥无几。

3. 增强企业在校园中招聘的员工的忠诚度，降低员工流失带来的成本。最佳雇主长期校园招聘，由于有良好的知名度和美誉度，学生来到企业实习和就业，有相应的师兄、师姐在企业里引路并作为标杆力量，让他们更安心在企业工作，从而降低流失率。

五、雇主品牌建设的四个阶段

（一）初建声誉，使品牌引起市场的注意

通过大量的传播向市场发出声音，快速提升品牌知名度，此时通过外显特征的传播在短时间内吸引眼球，这个阶段测量品牌传播效果的主要指标是品牌知晓率和品牌形象的认知。例如，58 同城在全国电视媒体、城市公交车上、高铁站、互联网、青春类电视及电影中植入广告，让更多的人知道这一品牌的存在。

（二）强化竞争，通过支撑点来强化已建立的品牌认知

企业以能力、资产支持品牌认知，通过多角度多层面差异化传播，建立起清晰且独特的品牌形象，使目标人群能够产生符合企业特质的关键联想。提升品牌喜好度、品牌被选择的概率，增强品牌形象中显著支持点的认知。

实例解析

小米从品牌发展的开端就一直强调"用户就是驱动力，'为发烧而生'的产品理念"，在品牌理念之中，第一强调用户的尊崇感，第二强调产品的性能，第三强调低廉的价格，为年轻炫酷的伙伴们喜欢。

小米的粉丝营销成功抓住了年轻人会选择帮助他们社交与表达、学习、娱乐的媒体需求。现阶段的年轻人普遍将媒体看作身份的构成要素、人际关系调节工具和社交资源。我们可以看到为年轻族群创造价值，身份、自我表达等心理要素的满足，将是粉丝营销重要的内核，社交媒体成为主要的用户沟通渠道，而娱乐化方式，如偶像崇拜将成为主要内容构成。小米将这一切都做到极致，前期小米的饥饿营销能如此成功，正是因为如此。

（三）凸显价值，成为受众更愿意选择的品牌

企业凭借更加丰富的接触点支持，全面巩固和加强品牌认知，在目标人群心目中占据相对牢固的位置。提升品牌喜好度、品牌的使用程度、品牌的转换水平。

实例解析

保利地产定位于"精品地产，文化地产"。精品，奠定了保利地产高档产品线的基调；文化，是保利地产总结多年经营经验，将自有文化资源与地产优势有机结合，寻求差异化发展的创新点，其定位中高档，但产品价值却一直保持在中档定价，开发一盘成交一片忠实的业主。老客户的回购率相对较高，呈现价值优势。

在住宅方面，除了前期的开发之外，更重要的是在客户服务方面。保

利地产以客户为中心，提出了"阶段责任原则、发展关系原则、首问负责原则、全员服务原则"四大客户关系管理原则，规范了客户服务的流程，制定了服务的标准，明确了客户服务的权责，在企业内部形成了系统的客户服务体系和理念。在物业管理方面，保利地产推出了"一体化服务""酒店式服务""商业物业全程服务""管家式服务""个性化贴心服务""零缺陷、零时差、零干扰"等多种服务模式，满足客户多元化的需要。

（四）超越同行，让品牌成为"偶像"

在全市场或某细分市场成为领导者，树立标杆形象，建立品牌美誉度，让客户有信赖感甚至荣耀感，提升品牌忠诚度，成为受众选择品牌时的首要考虑，拥有更多品牌边际效益。

实例解析

华为手机在我国的占有率持续上升，已成为我国手机市场的主导者。产品战略就是利用技术创新的优势，顺应数字化新时代，不断地布局智能生态链，在擅长的领域以小胜积大胜，实现战略杠杆效应。华为将品牌与"中国心"相联系：心系中华，有所作为。巧妙地把"华为产品"与"爱国主义"相关联，通过专业而细腻的活动策划，把"爱国主义"推向市场。央视新闻在微博上点赞华为 Mate 60 系列的同时还发表了"中国心，中国芯"的评价。短短六个字，掷地有声，振奋人心，让中国人对华为手机产生品牌忠诚度。华为从一开始的产品模仿，到现在的 5G 技术引领时代，不断技术突破，使得华为手机一路奋起直追。

2023 年 7 月 12 日、9 月 19 日及 10 月 12 日，华为分别发布了荣耀 Magic V2、荣耀 V Purse 及荣耀 Magic Vs2 三款折叠屏手机。这三款手机各有不同侧重点，其中荣耀 Magic V2 主打全能旗舰，荣耀 V Purse 主打时尚单品，荣耀 Magic Vs2 则致力于给消费者带来媲美直板机的轻薄体验。

2024 年，华为手机业务持续回暖。互联网数据中心（IDC）数据显示，第三季度华为智能手机出货量同比增长 42%，市场份额增长至 15.3%。全球首部三折叠屏手机的推出引发热议，这款手机不仅掀起预售热潮，还展示了国产手机的硬实力。华为这款手机最大亮点在于其三折设计，展开后屏幕尺寸可能超过 10 英寸，满足便携性与大屏幕显示需求，适用于多种场景。此外，原生鸿蒙系统的发布也为手机业务带来新动力，提升了系统流畅度和多设备协同能力。

　　显而易见，荣耀希望靠更多细分化的产品，满足不同消费者的不同需求，进而拓宽在折叠屏市场的影响力。事实证明，荣耀的"机海战术"确实极大地赢得了市场的追捧。

第三节　人力资源管理助力雇主品牌建设

　　雇主品牌按与雇员合作的时期可以分四个阶段：雇佣前、雇佣中、离职前、离职后。在这四个阶段中，最重要的是做好离职前管理与离职员工关系的维护。通过离职前的过程打消员工曾经对企业负面的认识，在员工离职后，企业要与其保持良好的沟通与互动，加深他们对企业美好的回忆，从而对外正面传播企业，带给那些未入职的人才对于企业美好的期望。人力资源管理助力雇主品牌建设过程，如图 5-1 所示。

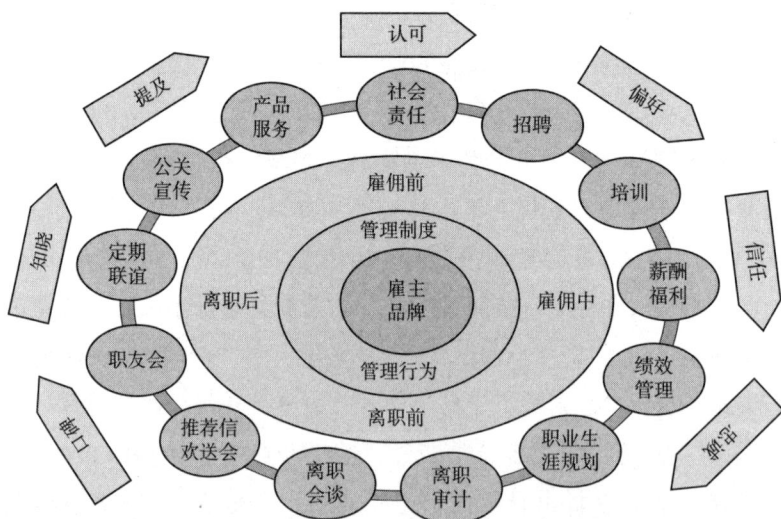

图 5-1　人力资源管理助力雇主品牌建设过程图

一、雇佣前的雇主品牌建设

在企业雇佣前要定期做好企业的社会品牌公关宣传，形成自己特有的产品服务体系及社会责任感。

实例解析

我曾经在某家企业做人力资源总监时，企业的设计师是最重要的群体。我经常参加省服装设计师协会做联谊活动，由设计师协会出面邀约设计师，我们的企业负责策划活动，提供场地酒水饮料，举办聚会。活动开始时，一般会请设计师协会的会长、副会长、秘书长等领导对活动的内容、主题、主办方（协会）、承办方（我们）、到场知名的设计师进行介绍，我们企业总经理或设计总监也会进行简单地介绍，这样的安排能加深企业品牌在设计师群体当中的认可。

企业在宣传活动中，通常会得到一些潜在员工的认可，通过企业的设计定位分析会、产品企划研讨会、产品发布会等重要活动加强联系，在必要时请潜在员工参与，这样可从多视角提供建议，既增加了企业的产品设计的可控度，也让潜在客户对我们企业的实力有进一步的认同，在认同后被企业雇佣就变得更加自然。

二、雇佣中的雇主品牌建设

雇佣中的雇主品牌建设重在构建和谐的劳动关系，可以从以下四个维度关注人才。

（一）基于职业规划的培训体系建设

关注人才的职业生涯规划，企业中会经常强调一句话：财富不完全属于你，只有学到的知识才完全属于你，别人拿不走。所以我们鼓励人才参加各种学习，帮其搭建职业规划的课程体系。将相关的奖励变成学习的资质和学习的经费，让人才更好地成长和接受更前沿的资讯，也为企业的发展提供新的知识来源。

（二）基于价值贡献的薪酬体系建设

在薪酬福利体系中，要做到相对的公平公正，我在很多企业中都会推行薪酬公开化，我们会在第十章第一节的内容中详细地讲解，绩效能呈现出岗位的核心价值、人才的主观能动性及专业知识转化的重要性。

（三）基于能力转化的绩效体系建设

每位员工来到企业都希望贡献自己的价值，并渴望通过价值呈现而得到认可。雇主及管理层，只有充分认识到这一点，从价值量化的角度帮助雇员实现目标。具体的方法是通过绩效量化的方式让其能力可视化，建立一套让能力与绩效双轮正向驱动的管理体系。

（四）基于对人才关怀的体系建设

我曾给一家企业做新产品设计团队的组建，通过相关渠道在一个月内组成了一支由 14 名设计师组成的小团队。设计师属于高质量人才，他们的积极性、主动性都非常强，除了要设计产品，还要主动去走访一些品牌的市场。我认为在组建团队中，产生波动性是很正常的。因此我会定期与设计师团队沟通，每周与设计师进行一对一沟通不低于 2 次 / 人，把对他们的关怀做到位。最终，通过 2 个月的磨合，打造了一支极具战斗力的团队。

三、离职前的雇主品牌建设

员工离开一个组织，也许并不是员工的能力有问题，也不是企业的问题，而是处在不同阶段，自然会有一些岔路口的出现，这个时候我们会做出选择或者是尊重员工的意愿，与员工终止合作关系。在终止的过程中，需要做好雇主品牌建设，与员工进行深度的职业交谈。

实例解析

我给一家企业做年度顾问时，该企业物流部经理工作 5 年了，企业的发展相对平稳，所以这个岗位的工作量也是相对的平稳。他开始觉得厌倦重复性的工作，想离职。但物流经理岗位无论换多少家企业，内容和价值呈现都差不多，很难有大的突破或者是创造性。他通过深思熟虑之后找到我，跟我说："黄老师，我想离职，您有什么建议？"当物流经理带着这样的问题来和我沟通时，我知道他已经有了清晰的想法。

于是，我和他做了深度的探讨和交流，他的想法是要开一家物流企业，我用了一个通宵的时间帮他做了企业的规划。定位：专注于电商小件产品的物流；优势：30年物流工作经验，和三家物流企业的华南大区的运营负责人之前有过合作，可以拿到内部价格。最后他创业成功，也成为原东家的物流服务商，与企业形成双赢。

对于重要的管理岗位、技术岗位，在离职时，管理层可以组织开欢送会，感谢员工对于企业的支持和帮助，以此建立良好的口碑。

四、离职后的雇主品牌建设

离开是为了更好的合作，企业要定期召开离职员工联谊会，在企业举办年会、重大的节假日活动时，可以邀请优秀的离职老员工回来进行交流，从而形成人才雇佣的闭环。

我在企业做人力资源总监的时候，部门经理级及以上人员离职，会开欢送宴。离职后，在节假日致以节日的问候，企业举办联谊活动也会给他们发邀请函，长期保持联系。我们也曾组织过离职员工座谈会，曾经的一位市场总监离职后，给企业先后推荐了5位设计人才入职。

实例解析

腾讯的校园雇主品牌建设，如图5-2至图5-4所示。

伯乐：建立统一的宣传资料体系，方便伯乐随时发给"千里马"

建立专业的自有招聘网站；
面向媒体的思想、语言、标识统一化；
建立统一的品牌标识库

在职员工 1

媒体 4

候选人

离职员工 2

X-Tencent-Club 运营，传递公司信息，并利用统一宣传资料传播

合作伙伴 3

面对猎头、顾问公司等其他合作伙伴，邀请参观公司，定期培训；
在合作流程，体现平等尊重的原则，塑造职业化

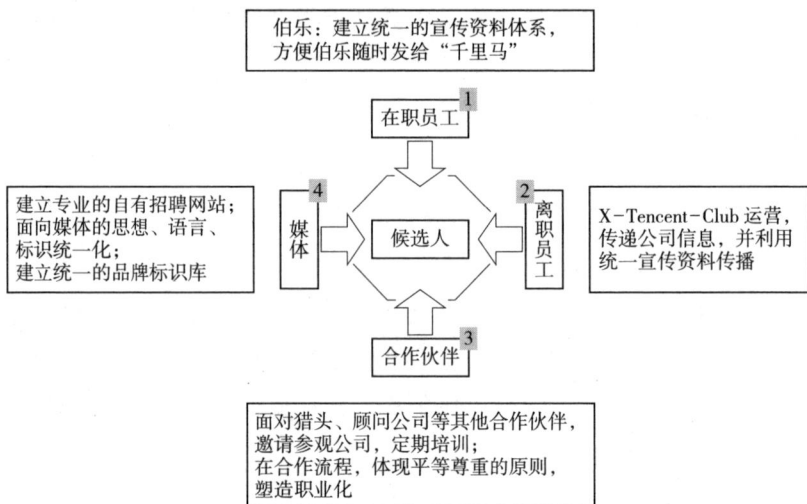

图 5-2 吸引人才的四种途径

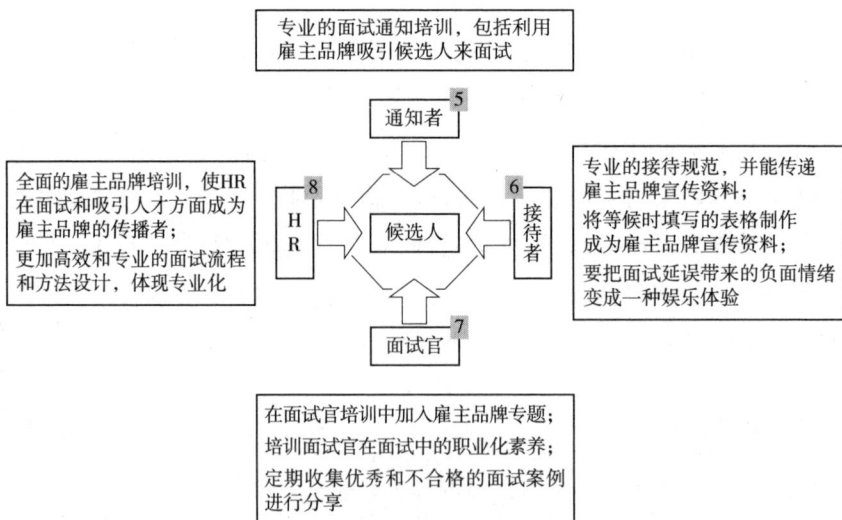

专业的面试通知培训，包括利用雇主品牌吸引候选人来面试

全面的雇主品牌培训，使HR在面试和吸引人才方面成为雇主品牌的传播者；
更加高效和专业的面试流程和方法设计，体现专业化

通知者 5

HR 8

候选人

接待者 6

专业的接待规范，并能传递雇主品牌宣传资料；
将等候时填写的表格制作成为雇主品牌宣传资料；
要把面试延误带来的负面情绪变成一种娱乐体验

面试官 7

在面试官培训中加入雇主品牌专题；
培训面试官在面试中的职业化素养；
定期收集优秀和不合格的面试案例进行分享

图 5-3 专业的面试环节

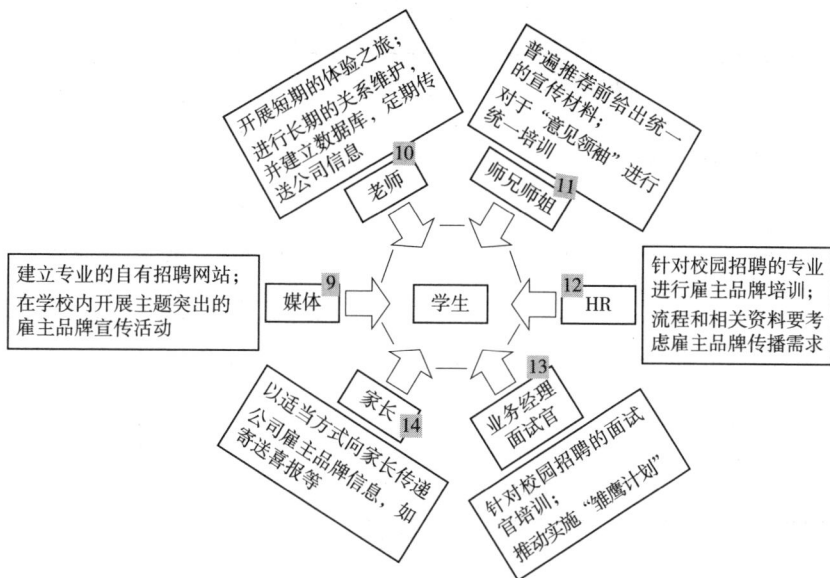

图 5-4　校园引才的六个渠道

第四节　企业文化构建提升"软实力"

企业文化是一种"团体经验与心智行为的提炼总结得出的产物"是特定团体在共同经历一段时间内，处理外在适应问题与内部整合问题时所创造、发现、发展而来的一些规律与经验，且视为值得传递给新成员或对外宣传，当作认知、思考与知觉的正确方式。

一、企业文化的基本诊断

企业文化的本质呈现出来的是企业的一种行为规范，对内体现的是向心力与凝聚力，对外呈现的是上下游合作的理念。我们在建设企业文化时，可以先对企业内部相关维度进行测评，以便了解企业行为风格的基本情况，具体见表 5-2 至表 5-4。

表 5-2　企业文化测评表

测评项目	5 分	4 分	3 分	2 分	1 分
员工拥有独立自主权的程度					
鼓励员工冒险的容忍程度					
目标与绩效相结合的程度					
各部门协调运作的程度					
经理支持员工的程度					
规定与管理办法的多寡，以及员工自主思考、合作程度					

说明：5 分—程度非常高，理想状态；4 分—程度较高，满足要求；3 分—基本满足要求；2 分—略有不足；1 分—不满足要求。

总分高于 25 分—企业文化先进；总分 19～24 分—企业文化有较大上升空间；总分低于 18 分—企业文化较薄弱与落后，应改进或培养，特别是得分较低的项目，一定要加强改进，否则不利于企业的长远发展。

表 5-3　团队凝聚力测试表

内　容	5 分	4 分	3 分	2 分	1 分
团队内的沟通渠道畅通，信息交流频繁					
团队成员有强烈归属感，跳槽现象少					
团队成员的参与意识强，人际关系和谐					
团队成员间彼此关心，相互尊重					
团队成员有较强的事业心与责任感，愿意承担任务，集体主义精神高					
团队为成员的成长、发展，以及自我价值实现提供了便利条件					

说明：5 分—程度非常高，理想状态；4 分—程度较高，满足要求；3 分—基本满足要求；2 分—略有不足；1 分—不满足要求。

表 5-4　组织运作协调分析

部门	领导模式 / 风格				团队自主性 （1 ~ 5 分）		团队思考性 （1 ~ 5 分）	团队协作性 （1 ~ 5 分）	团队共识 （1 ~ 5 分）		改进 行动
	命令型	说服型	参与型	授权型	授权程度	信息公开程度	员工参与度	内部服务意识	目标清晰度	策略清晰度	
A											
B											
C											
D											
E											
F											
G											

说明：5 分—程度非常高，理想状态；4 分—程度较高，满足要求；3 分—基本满足要求；2 分—略有不足；1 分—不满足要求。

二、企业文化的三个层次

人力资源管理的最高境界是企业文化管理，提升员工留存率最高境界是文化留人。加强文化管理是企业管理发展的重大趋势，企业文化的三个层次：核心层、制度层、物质层，如图 5-5 所示。

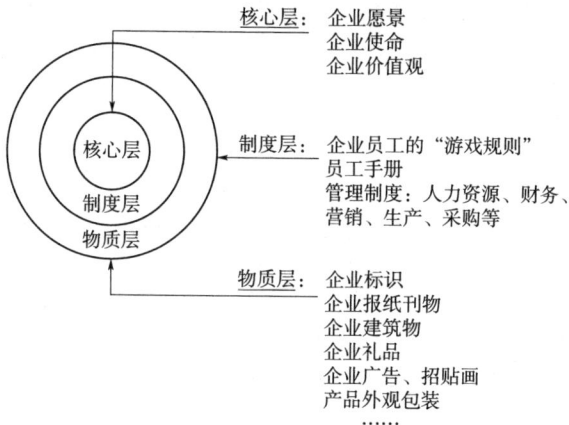

图 5-5　企业文化的三个层次

企业文化中最难实现的当然是核心层：企业愿景、企业使命、企业价值观。下面逐一举例介绍。

（一）企业愿景

愿景是描绘企业未来的蓝图，希望多年以后企业会变成什么样，呈现给客户的是什么样的画面？举例如下。

森马集团有限公司愿景：成为全球领先的时尚品牌，为年轻人提供高品质的时尚产品，并创造一个让人们更容易表达自我、展现个性的时尚平台；

华为愿景：把数字世界带入每个人、每个家庭、每个组织，构建万物互联的智能世界；

中国南方航空股份有限公司愿景：成为全球领先的航空公司，为旅客提供无与伦比的航空体验。

（二）企业使命

企业使命是思考企业处于哪一个行业，企业为谁提供什么样的价值与服务？举例如下。

华为使命：聚焦客户关注的挑战和压力，提供有竞争力的通信解决方案和服务，持续为客户创造最大价值；

联想集团使命：为客户利益而努力创新；

阿里巴巴使命：让天下没有难做的生意。

（三）企业价值观

企业在追求目标时应遵循何种商业准则？举例如下：

雅芳价值观：信任、尊重、信念、谦逊和高标准；

肯德基价值观：以人为本，顾客满意、沟通合作、奖惩分明、提供机会；

华润集团价值观：诚实守信、业绩导向、以人为本、合作共赢；

腾讯价值观：正直、进取、协作、创造；

招商局集团价值观：与祖国共命运，同时代共发展；

三一集团价值观：先做人，后做事。

企业文化中的制度与物质建设，是确保文化核心层得以具体化的保障性措施，企业需要结合不同的阶段进行必要的修正与调整，以便于企业文化落到实处。

三、企业文化的"生根"需要仪式感

以我们多年的经验总结，企业文化的落地需要有一系列的仪式感，慢慢地渗透到员工的心灵中，通过长期的仪式感让员工在潜移默化中洗涤心灵，并约束自己的行为。

实例解析

下面是电视剧《士兵突击》中的角色许三多在加入钢七连时的宣誓词，这种仪式感相信能震撼每一个人。

列兵许三多，你必须记住，你是第四千九百五十六名钢七连的士兵！

列兵许三多，有的连因为某位战斗英雄而骄傲，有的连因为出了将军而骄傲，钢七连的骄傲是军人中最神圣的一种！钢七连因为上百次战役中战死沙场的英烈而骄傲！

列兵许三多，钢七连的士兵必须记住那些在五十一年连史中牺牲的前辈，你也应该用最有力的方式，要求钢七连的任何一员记住我们的先辈！

…………

列兵许三多，下面跟我们一起朗诵钢七连的连歌……

企业在文化建设方面，也需要有类似的活动与仪式感，快速使员工达成在心智上的一致性。部分企业在建设企业文化的过程中，认为应低调内敛一点，不需要举办任何的仪式。通过管理层讨论、提炼简洁的用语，贴在企业的文化墙或印在宣传手册里，或通过企业总经理与高管的日常行为来感染员工即可。如此塑造出的企业文化，使员工没有参与感，对企业文化的来源和内涵没有了解，难以践行。没有仪式感，只靠中高层管理者的宣讲，或阅读企业宣传册，员工没有切身的感受，也就无法体会到其感染力。

企业文化的建设与重构，其实是对企业员工的心智再次进行定锚，这个过程必然是漫长的，也必然是需要通过长期坚守与践行。可能在前期不一定能产生直接的商业价值，但如果企业长期坚持，特别是正向的企业文化，相信会在特殊的时期创造出奇迹。

实例解析

1985 年，海尔从德国引进了世界一流的冰箱生产线。一年后，有用户反映海尔冰箱存在质量问题。海尔在给用户换货后，对全厂冰箱进行了检查，发现库存的 76 台冰箱或多或少有些瑕疵。

时任厂长的张瑞敏决定将这些冰箱当众砸毁，并提出"有缺陷的产品就是不合格产品"的观点，在社会上引起极大的震动。"砸"冰箱这个隆重的仪式，再次唤醒了海尔的品质意识。

支撑业务落地的人力资源体系建设

第六章

从经营的角度解析招聘本质

企业招聘成本和风险指数正相关，一旦企业"用错了人"，将会导致资金和时间的持续浪费，大大降低企业的发展速度。根据美国背景调查协会（NAPBS）的调研数据显示，美国企业平均每年因招聘不当所造成的损失，约为 8 万美金。因此，我们从经营的角度提出，工作量不饱和的岗位尽量不招人。可是，在现实的企业经营管理过程中，很少有企业这样做。

在企业经营中我们会经常遇到这些情况：业绩没有完成，相关负责人将主要归因为人才欠缺，人手不够；工作量增加，想到的第一个办法就是招人，至于招人的条件、标准、要求、薪酬、主要职责、如何考核，用人部门与人力资源部门可能都没有认真思考过。

企业有两项最重要的资源，一项是物品，另一项是人才。当部门的物资出现空缺的时候，如何处理呢？如果直接写申购单去申购，我想很多中小企业的员工一定是会被总经理批评的，遇到这种问题，一般有三个步骤解决问题：第一，当物料空缺时，首先想到的是查库存，有的话直接申领；第二，如果没有直接的库存可用，查找有没有可替代的产品，如果有，再和技术部门协商修改参数，申请领用；第三，没有能替代的产品时，这时再去申购。

当物品出现空缺时我们可以按这三个步骤来做，那么，当人才出现空缺时我们也可以按物品的三步骤去实施。对标人才的三个步骤：第一，将原有工作任务重新划分；第二，工作任务划分仍不能满足，那么在相应的范围内进行人才能力的盘点；第三，在前两个步骤都不能满足的情况下，再进行人才招聘。

第一节 从成本的角度谈招聘

招聘是最能直接体现企业经营理念的行为，不仅是企业面向人才市场的第一窗口，也是企业对人才展现的第一形象。不能单纯的为了招聘而招聘，需从企业经营的角度思考，以企业效能提升与人才成长为导向，按照招人先留人，引才先发展（企业发展、人才发展）的思路开展招聘工作。

一、招聘成本分析

企业在招聘员工的时候，可能要经过多轮的面试，大多数企业都会有一轮面试，二轮面试，三轮面试，我们可以来看看面试官在每一轮面试的招聘成本和面试时间如何？具体见表 6-1 至表 6-2。

表 6-1 参与招聘人员的工资成本

单位：元

参与招聘的人员	招聘专员	部门经理	总 监	总 经 理	其他人员
人员月工资成本					
人员总成本					
人员小时成本					
人员分钟成本					

表 6-2 参与招聘人员的面试时间

单位： 分钟（请根据实际情况填写）

流 程	人 员					面试环节总用时
	招聘专员	部门经理	总 监	总 经 理	其他人员	
电话预约或面试						
第一轮面试						
第二轮面试						
第三轮面试						
其他程序						
人员总用时						

（一）面试流程

招聘某岗位员工一名，经过几轮面试：

□一轮面试　　□二轮面试　　□三轮面试　　　　　其他请说明____

第一轮面试由谁执行（可多选）：

□招聘专员　　□部门经理　　□总监　　□总经理　　其他请说明____

第二轮面试由谁执行（可多选）：

□招聘专员　　□部门经理　　□总监　　□总经理　　其他请说明____

第三轮面试由谁执行（可多选）：

□招聘专员　　□部门经理　　□总监　　□总经理　　其他请说明____

实例解析

我曾经遇到过一家企业，他们在面试中层以上管理人员的时候，都需要进行四轮面试。第四轮面试，属于集体面试，由面试委员会成员参与。每一个岗位对应的面试委员会成员有 7 ～ 8 位。例如，总监级别以上的面试委员会，包括总经理、副总经理、全体总监企业经营的高层，当时企业有8位职能部门总监，即高管面试委员会有10位。

第四轮的面试流程如下：

1. 由求职者做一份 PPT 来展现自己的能力与即将进入的工作岗位的工作规划；

2. 相关职能的面试官从不同的维度进行提问（如：财务总监从财务角度提问成本管控等）；

3. 副总经理提问，总经理提问；

4. 深度自由交流；

5. 求职者退场后，面试官分别从求职者的知识水平、能力、性格、价值观等多维度发表自己的观点；

6. 面试官分别得出录用与不录用的决定，最后采取少数服从多数的原则商定是否录用这名求职者。

（二）测算结果

面试一名员工所需的成本（单位：元）。

面试前算的都是隐性成本，其实还有直接的显性成本。如薪资按 8 000 元 / 月，试用期为 3 个月，一名员工的直接显性成本是多少呢？

工资成本：8 000×3=24 000 元；

社会保险费：8 000×21.94%×3=5 265.6 元（某地区 2022 年的比例为例）；

公积金：8 000×10%×3=2 400 元；

直接成本：24 000+5 265.6+2 400=31 665.6 元。

另外，时间成本、部门效率影响、项目受影响等成本，以及重新招聘所要产生的招聘费、面试等费用等，无法准确估量……招聘成本还包括：相关的业务费用（如招聘洽谈会议费、差旅费、代理费、广告费、宣传材料费、办公费、水电费等），人才测评的费用和间接费用（如行政管理费、临时场地及设备使用费）等。

二、离职成本分析

离职成本分析可参考表 6-3。

表 6-3　离职成本明细表

项　　　目	成本明细	数　　量	单　　位	解释说明
培训开发成本	培训人员月工资		元 / 时	月工资范围含薪资、奖励、福利社保等全部支出
	培训花费工时		时	在培训该员工时所花费的时间
	其他培训费用		元	由培训职能部门统计的其他费用，如材料、交通、活动、讲师课酬等培训相关费用
	每月培训成本小计		元	培训人员的时间成本 + 培训其他费用之和
管理成本	直属主管分管的人员数		人	下属总人数

续上表

项　　目	成本明细	数　　量	单　　位	解释说明
管理成本	直属主管分管的人员时间		时	通常以直属主管用于人员管理的时间占总体时间的三分之一为基数核算
	直属主管的月工资		元/时	月工资范围含薪资、奖励、福利社保等全部支出
	人力资源离职、入职手续办理人员的薪资		元/时	人力资源离职、入职手续办理人员薪资福利全部支出
	平均每个手续的办理时间		时	具体流程办理所用时间
	每月管理成本小计		元	直属主管的管理成本＋人力资源相关手续的办理成本
再招聘成本	面试一名人员所需成本		元/人	引用"招聘成本分析"所得数据
	招聘一名员工需面试多少人才		人	一般面试多少个求职者，才会确定1个，即面试录用率
	招聘甄选、录用的准备成本		元/人	主要包括确定招聘策略、招聘渠道、修订岗位描述、准备招聘广告、选择、测试、跟进等
	每月其他成本小计		元	面试一名人员的时间投入成本＋其他材料及渠道成本
再招聘人员试用	再招聘人员底薪（试用工资）		元/月	填补空缺岗位在招人员薪资底薪及相关福利
	再招聘人员社保及福利		元/月	薪资以外的其他人力成本支付
	再招聘人员各项运营费用成本		元/月	除培训和薪资福利外的其他费用支出
	再招聘人员适应岗位周期		月	新招聘员工录用至正式上岗所需周期
	每月运营成本小计		元	再招人员的各项费用支出×正式上岗所需的周期（如销售经理必须经过1个月培训才能上岗）

续上表

项　目	成本明细	数　量	单　位	解释说明
差异成本	离职人员原薪资福利合计		元／月	原薪资福利与再招聘员工薪资福利之差，可正可负
	再招人员薪资福利合计		元／月	企业员工的福利标准为依据
	再招聘人员绩效优于原离职员工		元／月	入职上岗后，六个月以内的绩效结果
	岗位空缺后节省的薪资及福利		元／月	没有招聘或无须再招聘（原岗位由于离职而省去）
	差异成本小计		元	离职人员与再招人员的各项费用之差＋再招人员与原岗位人员业绩之差＋岗位省却费用
离职人员访谈人力成本	离职人员访谈时间		时	离职时对其挽留、协商等商谈时间（平均／人）
	部门访谈人员薪资		元／时	部门访谈人员的人力支付成本
	人力资源访谈人员薪资		元／时	人力资源访谈人员薪资支付成本
	每月其他成本小计		元	针对人员离职主管及人力资源所作的挽留或产生纠纷所作的沟通处理等工作费时成本
相关补偿	离职补偿金		元	员工每工作一年支付一个月工资（辞退、协商解除）
	代通知金		元	未能提前一个月通知员工，额外支付一个月工资
	其他实际支付费用		元	其他在离职时实际支付的费用
	因离职产生的纠纷仲裁等费用		元	如仲裁材料准备费用、律师费用、相关手续支付费用，按实际支付计算
	其他费用		元	如员工纠纷造成的名誉损失增加的间接损失（企业尽调通常会体现出来）
	每月其他成本小计		元	各项实际支付费用的总计

119

项　　目	成本明细	数　　量	单　　位	解释说明
岗位空缺损失	该岗位空缺周期		月	该岗位从离职到新员工到位的中间阶段
	该岗位空缺造成的损失		元／月	平均劳动生产率×该岗位投入成本－投入成本
	请其他人员额外加班产生的成本		元／月	因岗位空缺，需要其他人员代替完成工作，额外支付的劳动时间成本
	主管级人员协调完成空缺岗位工作的成本		元	因岗位空缺，主管需要协调其他人员负责该岗位工作所造成的管理时间成本
	损失生产率费用小计		元	空缺损失×空缺周期＋加班成本＋主管协调成本
离职前后生产率降低	离职前后生产率降低周期		元	因员工有意离职和新人到岗适应阶段的生产率降低成本（一般为一个月）
	生产率降低程度		％	员工生产率降低后可达到的产出水平，一般按70%核算，如果是计件岗位，可以直接对标
	损失生产率降低成本小计		元	（劳动投入－降低程度×劳动投入×劳动生产率）×周期
造成市场的损失	销售方面的损失		元	潜在市场销售额的下降，离职人员至竞争对手方造成的损失
	知识产权的流失成本		元	重要的资料文件、知识和技能等的流失
	维护和恢复供应商及客户成本		元	因员工离职产生的损失，或维持和恢复有关客户、供应商关系产生的成本
	企业历史、文化的流失成本		元	企业的发展历史和在员工心中形成的企业文化，因员工流失而受到影响
	损失成本小计		元	各项损失费用的合计

三、"一图一书三表"识别岗位是否空缺

当用人部门提出招人需求时，人力资源部需要用有效的方法来判断某个岗位是否真的缺人，专业的 HR 可以通过"一图一书三表"（即组织架构图、岗位说明书、员工编制表、工作量化表、岗位考核表）来进行鉴别，如图 6-1 所示。

图 6-1　一图一书三表

通过"一图一书三表"来鉴别什么？一是鉴别岗位是否真缺人，二是鉴别岗位是临时性缺人还是长久性缺人，三是鉴别岗位对人才需求的重要性，四是鉴别岗位的必要性。

1. 一图（组织架构图）：新增加一个岗位或者是一个编制，对组织架构图有没有影响？原则上增加了一个新的岗位，对组织架构图的变化肯定会有一定的影响。不同岗位职能的增加，对应的业务流程就需要做相应的调整，组织架构一般也需要跟着调整。

2. 一书（岗位说明书）：岗位说明书是岗位呈现价值的核心证明文件，企业新增加一个岗位的工作不可能百分之百是全部新增加的，大多数工作内容应该还从原有的岗位中进行部分剥离出来。因此每新增加一个岗位，不仅要做出本岗位说明书，还需要对企业原有业务相关联的岗位说明书进行调整。按照常规情况，每增加一个岗位，可能涉及 6～7 份岗位说明书的调整。这对于用人部门管理者的要求就相对偏高，需要他们对企业和本部门的工作进行了全面的梳理和规划。

3. 三表：

员工编制表：员工编制表通过能效、产效、经营绩效等维度确定，原则上不可轻易地增加编制，无论是增加员工数量编制还是岗位数量编制都

需要慎重，它是企业员工人力成本控制的核心开关。

工作量化表：一个岗位的工作量是否饱和，对于员工的稳定性至关重要，如果员工的工作量不够饱和，他们在岗位上面会感到迷茫，特别是现在的年轻员工和一些知识型的员工，可能会由于工作轻松而失去创造力。作为管理者在招聘时就需要考虑到岗位工作的饱和度，在我的《人力资源管理笔记：HR 晋级之路》一书中写到了岗位工作量化评估，有兴趣的读者可以参考。月工作量如果低于 168 小时，这个岗位是留不住优秀员工的。

岗位考核表：人需要工作最主要的原因是价值呈现。如果一项工作不能创造价值，那么这个岗位的工作内容一定是索然无味的。因此我们在新增一个岗位的时候，需要明确地知道这个岗位呈现什么样的价值，如何去衡量与考核并且能够量化出来，这也是吸引员工的一个关键点，没有人愿意成为一具职场上的"行尸走肉"。

当用人部门提出人才需求时，人力资源的同事们就需要协助用人部门负责人将这"一图一书三表"进行分析与梳理出来，招聘时做到心中有数：招什么样的人才，主要职责有哪些，如何评价与考核人才，如何呈现工作价值等。只有将这些问题都想明白了，招聘工作才会高效，招聘来的人才会有更高的匹配度与留存率。

实例解析

某企业的营销副总经理向人力资源部提出申请，计划招聘一位市场推广经理。人力资源部按市场推广经理的要求展开招聘，近两个月的时间先后面试了 100 多位候选人，也有 20 多位非常不错的人才推荐给营销副总经理进行了复试。但是出现了一个问题，凡是薪酬能够匹配的，用人部门都觉得人才的能力欠缺；凡是能力被副总经理看中的，企业的薪酬体系又无法匹配。两个月过去了，仍然没有招到一位满意的人选。

于是，营销副总经理提出了个折中的办法，改招聘需求为市场推广主管，人力资源部于是按照推广主管的能力水平和要求进行招聘，就这样又两个月过去了，也面试了 70 多位候选人，企业的薪酬基本都能够满足，但新的问题又出现了，用人部门总觉得候选人的高度、格局和适应力达不到要求。

在一直无人才引进的情况下，营销副总经理提出了一个新的方案，建议将三年前招聘的管培生小李（一直在市场推广部做专员）提拔为主管。副总经理认为小李能力不错，特别是这几个月在市场推广部担任主力，且任劳任怨。人力资源部同意，很快组织谈话并出了人才变动通知，小李正式升为主管。

当小李被提升为主管之后，用人部门又有了新的问题，觉得小李之前做专员还不错，但现在作为主管，理解能力达不到企业的要求，这给营销中心的工作带来了很大的阻力，营销副总经理一直觉得他很忠诚，抗压能力也不错，可是现在升为主管后批评几句不仅有了情绪，还提到了离职，认为这样的人不能重用。于是，再次向人力资源部提出了要求。

为什么营销副总经理对这个岗位的需求变化这么多，最核心原因其实是这位副总经理对市场推广经理、主管、专员的职能职责及能力要素等维度认知不清晰，所以才会出现这种无论如何怎么做都无法达到他想要的水平的状况。如果人力资源部在一开始就能帮助他明确该岗位的能力要求和考核点，那么就不会出现这样多变而被动的局面。

第二节　管理者面试人才的原则

招聘人才中最重要的环节之一就是面试，如何进行一场高质量的面试？面试的根本不是为了问出一些精辟问题的答案，而是问出企业所需要的内容。面试也不只是为了和人才漫无目的的聊天，虽然聊天顺畅但却与岗位的胜任力没有什么关系，这样的面谈将毫无意义。

实例解析

某企业总经理是一位非常健谈之人，擅长整合各种资源创立新的项目事业部。某新项目事业部成立之后，急需一位全面操盘的总经理。经过朋友介绍一位营销人才来企业面谈，他们从下午 14:00 左右开始交流，内容是天文地理，古今中外的话题，两个人相谈甚欢，一边喝茶一边交流，偶尔吃些点心，就连上厕所都是一起来回，不知不觉聊天到晚上 23:30 左右，于是总经理力邀人才加盟。

然而，9 个多小时的交流却没有谈事业部布局、产品规划、市场规划、团队规划等任何问题，管理能力、领导力、战略规划也均未交流。

聊得来，并不一定等于工作干得好。面试是专业与心智的深度碰撞与交流，找到事业的共同点，而决不能以聊得来为标准，必要时可以故意设置比较尖锐的提问，以识别对方的心智。

一、面试官应有的态度

（一）面试不是为了难倒求职者

面试是一场有着明确目的性的双向沟通活动，无论是求职者还是面试官，每个人都带有相对明确的目标。企业总是希望找到更具备胜任力的人才，而人才总是希望找到更合适自己的职务，且薪酬又能够完全满足自己的需求。因此，在面试过程当中双方彼此适当的夸大或者是美化自己都是可以理解的。

实例解析

某时尚童装产品企业的总经理助理，他总是以难倒求职者来证明其能力不够，但这种做法与企业愿意给予机会培养人才的招聘理念相悖。

分享一个他曾经非常引以为傲的题目。在面试过程中，他时常会以半封闭式的提示引导求职者表达自己的优势，再以此追问："你的逻辑推理能力既然很强，那么请问，我国约有 14 亿人口，6 ~ 9 岁的小孩中，我们产品受众小孩有多少？"这个问题对于主设计师及以上的设计人才，市场及营销人才是一个好问题，但对于其他岗位就不一定是个好问题了。

当对方回复不上来，或回复的内容与他的思维不一致时，他就会说："虽然你认为自己的逻辑推理能力很强，但是这个问题无法回答。你为人态度不错，也比较谦虚，但专业能力方面还是有很大提升空间的，综合来看，你的能力并未达到我们的岗位要求，但我觉得你有很强的可塑性，可以给你一个成长的机会。我们可以给你职务头衔，工资要少一点，因为企业用你有风险，希望你能把握这次的机会。"他的这一招对于刚出来工作 3 ~ 5 年的年轻人还是很管用的，特别是那些本身就不太自信的人，还会对总经理助理有一种感恩之心。

可是，当他们入职之后，发现大多数同事都以这样的低薪入职的，并没有所谓的系统培养与提升的机会，总经理助理也没有给予特别的关照，慢慢地就会导致心理失衡，将总经理助理的行为视为一种欺骗行为从而选择离职。这家企业的人才流失也确实一直都比较大，大量的员工都在 3 ~ 6 个月期间离职，但总经理助理不但认识不到自己的问题，反而认为自己为企业节约了人力成本，并没有考虑到人才离职给企业带来的无形损失。

面试不是要难倒对方，而是要从求职者的回复中找到自己想要的答案，例如他们的知识结构，解决问题的能力，创新能力，沟通协调能力及相关的专业能力等。在面试过程中，过度美化自己或企业就是欺骗，以诚相待才是面试人才的关键所在。

（二）面试是一个双向沟通的过程

部分面试官将面试的过程当成了一场单人相声或者是脱口秀，不停地描述自己或者是企业的成长故事。

实例解析

某企业需要招聘一位行政总监，求职者和副总经理沟通完之后彼此比较投缘，于是安排去见董事长。他们在面谈的 2 个多小时中，求职者仅有机会说了两句话，第一句话是："李董，您好！"（进去时向董事长问好），接下来董事长就开始讲述了自己的成长史、创业史、企业的发展辉煌史及对企业未来美好的展望，全程没有给求职者任何说话的机会，也没有求证求职者的任何能力，最后董事长总算考虑到了求职者的感受，问了句你是否愿意来？求职者只是礼貌性地微笑点了下头，回复了一句："谢谢您！"

双向互动沟通、相互求证，在沟通过程中彼此试探对方的专业、知识、能力、态度、价值观等方面以达到一个平衡的状态。原则上面试官以听多说少，引导求职者多表述，在此过程中需要注意观察对方的行为、肢体、语言和微表情的变化，来识别对方是否是企业需要的人才，其沟通的目的性非常强。

（三）面试一定要按照预先设计的程序进行

面试既然是一场"心智测试"，那么谁对流程更熟悉，谁就有主导权；谁的准备工作做得越足，谁就有话语权。

尤其是在面试中高层管理人才时，面试官们一定要预先设计好一套流程，并将流程牢记于心，看似漫不经心地聊天，实则精心规划出循环圈，将求职者的能力、认知、专业、价值观一一挖掘出来。

企业的本质是通过商业化运作，使用最小的成本将资源最大化，关键资源就是人才。而谁是企业的首席人才官呢？应该是企业的总经理，至少也是企业的执行副总经理。如果不是全面经营企业的职能部门负责人，是不可能以全面的思维去经营人才的，并不是他们的能力与思维有问题，而是角色定位的原因。由于每个岗位都有特殊的呈现价值，也有自己的职能定位，如果职能负责人用全局思维去经营人才，就会很容易给他们的职能部门负责人一种越界的感觉，从而失去企业的平衡。

二、面试官要摒弃的14个坏习惯

（一）对岗位的任职资格不清楚

任职资格是衡量人才最专业、最重要的工具，也是面试官设计针对性题目的前提条件。如果面试官对此不了解，那么面试就成了一场漫无目的的闲聊，问题也很难问到重点，给人一种不专业的感觉，对于高层求职者来说，他们会对这家企业产生一种不信任的感觉。

（二）对求职者资料未做了解

面试是场心智的对抗赛。不了解对方，就无法对抗，特别是棋逢对手时，更要仔细研究对手的战术。在对抗性的体育赛事中，任一方运动员与教练都会认真而仔细地研究对手的特点、技法、教练战术等，通过分析对方的强项与漏洞，来规划我方的战略与战术，部署我方防守与进攻的策略。在面试人才的过程中，同样需要先了解求职者的特点才能做到提问的针对性。

（三）第一印象效应

人与人第一次交往中给对方留下的印象，在对方的头脑中形成并占据着主导地位，这种效应即为第一印象效应，也叫首次效应。很多人都会将第一印象作为很重要的参考依据来对人才进行定性。在《三国演义》里，庞统（凤雏）长相一般，初见孙权时，孙权就因为对其第一印象不好而没有重用，让其转投刘备，而刘备也犯了同样的过错，将其打发到耒阳做个小县令。面试官要做到"不拘一格降人才"，不能因第一印象而痛失优秀的人才。

（四）像我效应

事业有成的企业家或者是高管往往在面试时会对那些与自己相似的求职者给予更高评分的倾向，特别是一些自信心满满的求职者，所以在招人的时候易产生像我效应。尽管自己很优秀，但一个团队的成功恰恰是多元且包容的，没有多元的碰撞难以发现思维的"盲区"。

（五）晕轮效应

晕轮效应又称成见效应、光圈效应等，指人们在交往认知中，由于过度关注对方的某个特别突出的特点、品质，会掩盖人们对对方的其他品质和特点的正确了解。晕轮效应除了与人们掌握对方的信息太少有关外，主要还是个人主观推断的泛化、扩张和定势的结果。它往往容易形成成见或偏见，产生不良的后果。故在人才选拔、任用和考评过程中应谨防这种倾向发生。

（六）心存偏见

偏见是对他人或者群体进行的先入为主的负面预判，是一种负面态度。

我们每个人都或多或少地存有偏见，毫无疑问，偏见会导致我们对别人的判断出现错误，同时影响我们对事件的理解。在面试时，面试官要用开放的心态，全面、谨慎地去看待求职者。

（七）非结构性面试

非结构化面试也称"随机面试"，面试官可以与求职者随意讨论各种话题，但由于标准化低，影响面试的信度与效度。结构化面试是最合理的，也是最高效的面试方法，如果觉得过于固定，也可以采用半结构化面试方式。否则就只能是想到哪就聊到哪，没有针对性，也没有特定的指向，可能聊起来很有激情，但对人才的识别却没有任何价值。

（八）追求完美

很多管理者在面试求职者时，都希望找一个完美的人才，学历高、能力强、本事大、能扛事、态度好、薪酬低。但过于追求完美，容易错失合适的求职者。

（九）对求职者过多赞美或否定

在面试过程中，可以适当地赞美求职者，但不宜于过多赞美，尤其是不要否定。如果对某些观点不认同或不支持可以淡然一笑，以免引起不必要的冲突，毕竟是否录用求职者，企业在原则上处于主导地位。

（十）面试官表达过多

面试官在面试过程中的主要职能是引导求职者表达自我，说出自己的真实想法，展示出相应的能力，而不是自己说得太多或表现得太多，失去对对方的判断。

（十一）封闭式问题

封闭式问题会对求职者的回复有明显的倾向性引导，答案可以说是标准化的，问题一经提出求职者就能明白面试官想要的答案，这样无法呈现出求职者的能力与价值观。为了更好地识别求职者的能力，在面试的过程中最好多问开放式、探讨式的问题，可以根据对方的回复来观察他们的逻辑能力、推理能力、总结能力，价值观等。

（十二）过度美化组织环境

如果组织有一定的优势，可以进行适当的表述，但不能过于夸大优点，否则员工进入组织后，发现与面试时的说法不一致，就很容易流失。建议在面试过程中，将组织适当美化的同时，可以增加一点工作压力与难度的描述，也可以测试一下对方的抗压能力。

（十三）面试不做记录

我们发现大量的中小企业在与人才面谈的过程中都很少做记录，只是聊聊天，事后再回忆起来无法对人才进行精准的评判。特别是当时因编制问题没有入职，而列入人才库的人才，可能半年、一年后再来激活人才库时，发现对人才已经没有印象，这样的人才库其实没有任何的意义。

（十四）让求职者等待太久

部分职能部门的面试官们经常会因为手头的急事而忘记求职者在等待面试。我们发现大量人才在求职的过程中都有等待面试的经历，有时可能等待时长超过 3 小时，令求职者感到不被企业重视、丧失信心。

三、面试官的关键六问

（一）真的需要新增一人吗

这一问在本章的第一节进行了详细的阐述。这个问题可以分解为：1.是否真正存在空缺的职位？是否符合企业 / 部门的远景规划？ 2.了解现有员工的技能与才干吗？正确发挥他们的作用了吗？ 3.是否尝试了各种可以满足人力资源需要的其他方法（如：工作分担、借调、分包等）？

（二）真的了解职位吗

面试官是否可以清晰地描述企业的组织结构及每个员工在其中的位置？企业的管理者是否可以根据职位职责来指导团队成员的工作？企业管理能

否明确各职位必备和理想的任职资格？每位管理者是否了解其下属员工的个人特点？

前面的这两问是对企业战略、组织、人才的发问，也是对企业人才的一次盘点，把这两项工作做好了，就是将招聘工作纳入了企业与人才的战略高度。

（三）招聘的定义和原理是什么

招聘定义为某一空缺岗位从组织的内部及外部吸引合适的候选人的过程。对于招聘，一般建议遵循以下五项原理：要素有用、能位对应、互补增值、动态适应、弹性冗余。即每位人才都要有其独特的才能，有其存在价值的金刚钻；能力与职位的匹配到位；人才之间无论是能力还是性格做到互补，共同成长与增值；符合组织的动态管理；对于人才及能力的储备，组织应具备一定的弹性，即当某一员工离职或离岗时，组织能够在短时间内迅速调整，有合适的同事能够顶岗，而不至于出现职能空缺的情况。

（四）招聘的流程是什么

招聘的整体流程如图 6-2 所示。

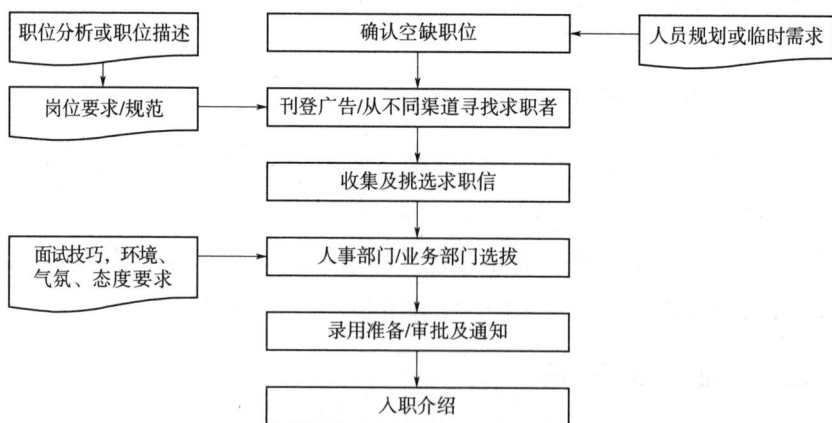

图 6-2　招聘的整体流程

招聘流程的关键有以下几点。

1. 招聘需求：招聘需求是整个招聘工作的起点，包括人才的质量、数量、结构需求。

2. 招聘计划：招聘计划是针对整个招聘工作的组织、进度、资源调配等方面的统筹规划。

3. 招聘实施：招聘活动是通过各种信息，把具有应聘资质的申请人吸引到组织空缺岗位的过程。

4. 人才选拔：选拔的目的是从申请人当中挑选出符合企业需要的人才，是招聘工作中最关键的步骤。

5. 人才录用：录用是针对合格人员签订劳动合同的过程。

6. 招聘效果评估：招聘效果评估的作用是评判整个招聘过程的合理性、有效性，并对下一期招聘提供修正意见和指导。

某企业在面试中的具体流程，见表6-4。

表6-4 某企业面试的具体流程

序 号	流 程	时 间	人力资源部面试官	用人部门领导	技术专家	工作说明
1	候选人进入面试场所					候选人进入面试场所（由工作人员带领）
2	欢迎候选人	2分钟	表示欢迎			人力资源部面试官代表评委欢迎候选人，请其放松，建立沟通氛围
3	面试指导语	3分钟	宣讲指导语			人力资源部面试官向候选人介绍各评委、面试过程、所需时间等
4	专业问题提问	10分钟	参与打分	参与打分	负责提问	技术专家就专业的问题提问，并根据候选人回答打分，其他评委也参与打分

续上表

序 号	流 程	时 间	人力资源部面试官	用人部门领导	技术专家	工作说明
5	能力问题提问	25分钟	参与打分	负责提问	参与打分	用人部门领导就能力特征方面提问、并根据回答打分，其他评委也参与打分
6	动力问题提问	10分钟	负责提问	参与打分	参与打分	人力资源部面试官就岗位适配性方面提问、并根据回答打分，其他评委也参与打分
7	介绍岗位信息	3分钟		负责介绍		用人部门领导客观介绍其应聘职位及企业相关信息
8	互动交流	2分钟	参与互动	负责回复候选人提问	参与互动	候选人对相关问题进行提问，用人部门领导进行回答，其他评委做补充说明
9	送候选人	1分钟	感谢候选人			人力资源部面试官代表评委感谢候选人参加面试
10	评分	5分钟	负责记录	参与讨论	参与讨论	人力资源部面试官组织各评委对候选人进行讨论 人力资源部面试官负责对讨论结果进行记录

（五）招聘中承担哪些职责

1. 职能用人部门的职责：

（1）调查人力需求，在全年人力编制范围内，确定需招聘的专业和数量需求；

（2）向人力资源部门提供招聘需求，参加人力资源部门组织的招聘活动；

（3）准备招聘宣讲会（或座谈会）中的企业各专业情况资料；

（4）准备求职者专业测试笔试试题；

（5）应聘材料筛选，回答求职者对专业问题的提问；

（6）准备专业面试意见书（原则、提纲、通过标准）；

（7）安排人员进行专业面试。

2. 人力资源部门的职责：

（1）统一筹划，规范招聘流程和招聘工具；

（2）设计、审核企业宣传海报、宣传彩页、宣传礼品等物品；

（3）组建招聘工作小组，进行招聘人员的培训指导及前期准备事宜；

（4）发布招聘信息，召开招聘宣讲会（或座谈会）；

（5）准备求职者笔试试题和求职申请表，资格检验及素质测评；

（6）应聘材料筛选、笔试试题、面试、体检的统一组织实施；

（7）招聘结果的核准及招聘经验交流。

（六）招聘渠道知道多少

1. 传统线下渠道：校园招聘、人才市场、劳务市场、人才中介、劳务派遣；

2. 互联网渠道：前程无忧、智联招聘等；

3. 社交招聘网站：人人网、58 同城、脉脉等；

4. 移动网渠道：兼职猫、随时兼、朋友圈等；

5. 高端招聘：猎头、猎聘等；

6. 内部渠道：内部员工介绍、内部员工竞聘等。

不同的招聘需求，选择不同的招聘渠道，才会提高招聘实效与价值。

第三节　管理者基于素质模型的人才甄选和应用

选才的目的是解决企业实际存在的问题，针对问题而提炼出的能力要素就是岗位的素质模型。作为企业的经营者，唯有把握与熟练运营素质模型才能更顺利、更准确招聘到企业需要的人才。

一、认知素质模型

一个人走向工作岗位前形成的，内在稳定性较高的个人特质，决定了一个人的工作驱动力，这是素质能力；通过学习或在职锻炼形成的工作技能，决定一个人能不能做好某件事，做到什么水平，是专业能力。我们在招聘面试的时候，既要清楚人才的素质能力，也需要了解人才的专业能力。

一个职位的存在，是为了实现组织的最终目的而设置的，而为了实现最终目的，员工必须运用知识来处理和解决问题，并产出对应的正向价值，如图 6-3 所示。

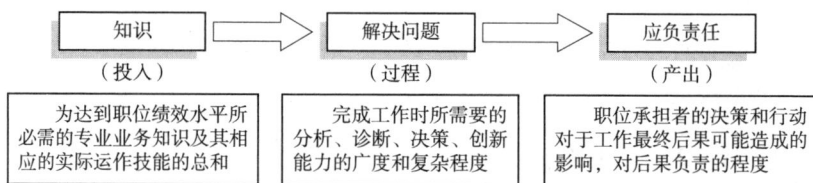

图 6-3　职位产出价值流程图

素质模型是个体为了完成某项工作或任务、达成某一特定绩效目标所应具备的不同素质的组合，现代商业管理教育将其划分为内在动机、知识技能、自我形象与社会角色特征等几个方面。这些行为和技能必须是可衡量、可观察、可指导的，并能对人才的个人绩效及企业的成功产生关键影响。

美国心理学家戴维·麦克利兰经过研究提炼并形成了 21 项通用素质要项，他将这 21 项素质要项划分为 6 个具体的素质族，同时依据每个素质族中对行为与绩效差异产生影响的显著程度划分为 2 ～ 5 项具体的素质。6 个素质族及其包含的具体素质如下：

1. 管理族：包括团队合作、培养人才、执行力、监控能力、领导能力等；

2. 认知族：包括专业知识与技能、演绎思维、归纳思维、总结能力等；

3. 自我概念族：包括自我认知（性格，特质）、自信、自律等；

4. 影响力族：包括影响力、前瞻性、沟通协调能力、关系建立等；

5. 目标与行动族：包括成就导向、主动性、信息收集等；

6. 帮助与服务族：包括人际理解能力、客户服务等。

在与求职者面谈的时候，需要了解企业的岗位价值如何呈现；通常会有哪些问题需要解决；为了更好地解决这些问题，求职者应具备什么样知识与态度，这些就是面试官需要把握的前提条件。

我们按大家常见也容易理解的冰山理论来解析该素质模型，如图 6-4 所示。

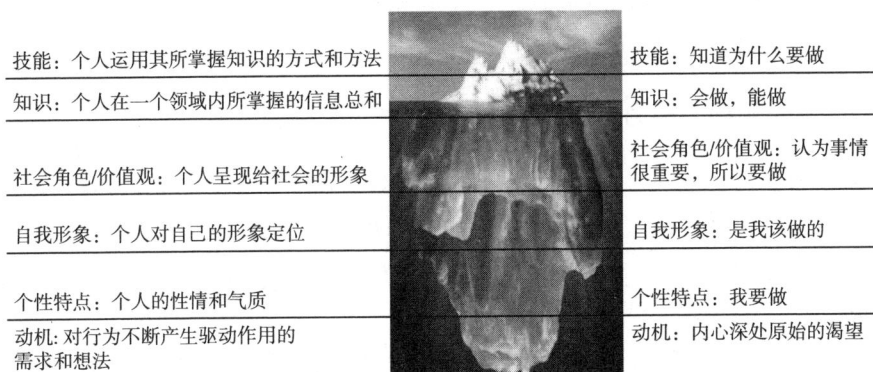

图 6-4 冰山理论解析素质模型

二、素质模型的分类

能力素质模型是有复杂关联的能力素质的组合，其整体作用能促进员工发挥最大潜能，从而助力达成卓越的工作表现。它可以驱动人才在工作中产生高绩效行为的特性，能通过行为的方式描述特定岗位或岗位族群上的高绩效行为表现。

因此，我们通常将其分为：专业岗位能力素质模型、通用能力素质模型、领导力能力素质模型。

（一）专业岗位能力素质模型

专业岗位能力素质模型指企业内特定岗位族群的能力特征和层次。例如，人力资源负责人的专业岗位能力素质模型包括：流程制度优化能力、组织设计能力、变革创新能力、人力资源规划能力等。

（二）通用能力素质模型

通用能力素质模型指企业所有人员的能力特征和层次，与岗位层级相联系。例如，18项通用能力素质模型：成就导向、演绎思维、归纳思维、服务精神、培养人才、监控能力、灵活性、影响力、收集信息、主动性、诚实正直、人际理解、组织意识、奉献精神、关系建立、自信心、团队领导、团队合作。

（三）领导力能力素质模型

领导力能力素质模型指企业管理人员群体的能力特征和层次。例如，团队领导能力、战略管理能力、团队建设能力、激励能力、系统思维能力、目标管理能力、协调能力、决策能力、督导能力、全局观念、成就导向……

三、素质模型体系的构建流程

（一）明确企业战略目标

企业的发展战略目标是建立胜任素质模型的总指导方针。HR应与决策层、经营层深入分析影响企业战略目标实现的关键因素，研究企业面临的挑战与机遇对人才应具备的胜任素质。

（二）确定目标岗位

企业战略规划的实施一定要与组织中的关键岗位密切相关。因此，HR在建立胜任素质模型时，应首先选择对企业战略目标的实现起到关键作用的核心岗位作为目标岗位，然后分析目标岗位要求员工所应具备的胜任素质特征。

（三）界定绩优标准

完善的绩效考核体系是界定企业各关键岗位的绩优标准。通过对目标岗位的各项构成要素进行全面评估，区分员工在目标岗位绩效为优秀、一般和较差的行为表现，从而界定绩优标准，然后再将其分解细化到各项具体任务中，最终识别产生出优秀绩效员工的行为特征。

（四）选取样本组

根据目标岗位的胜任特征，在从事岗位工作的员工中随机抽取绩效优秀员工（总人数的20%～30%）和绩效一般员工（总人数的10%～20%）作为样本组。

（五）收集、整理数据信息

收集、整理数据信息是构建胜任素质模型的核心工作，一般通过行为事件访谈法、专家数据库、问卷调查法等方式来获取样本组有关胜任特征的数据资料，并将获得的信息与资料进行归类和整理。

（六）定义岗位胜任素质

根据归纳整理的目标岗位数据资料，对实际工作中员工的关键行为、特征、心智和感受有显著影响的行为过程或片段进行重点分析，发掘绩效优秀员工与绩效一般员工在处理类似事件时的反应及行为表现的差异，识别导致关键行为及其结果的具有显著区分性的能力素质，并对识别出的胜任素质作出规范定义。

（七）划分胜任素质等级

定义了目标岗位胜任素质的所有项目后，应对各素质项目进行等级划分，并对不同的素质等级作出行为描述，初步建立胜任素质模型。

（八）构建胜任素质模型

结合企业发展战略、经营环境及目标岗位在企业中的地位，将初步建立的胜任素质模型与企业、岗位、员工三者进行匹配与平衡，构建并不断完善胜任素质模型。

构建胜任素质模型的流程如图 6-5 所示。

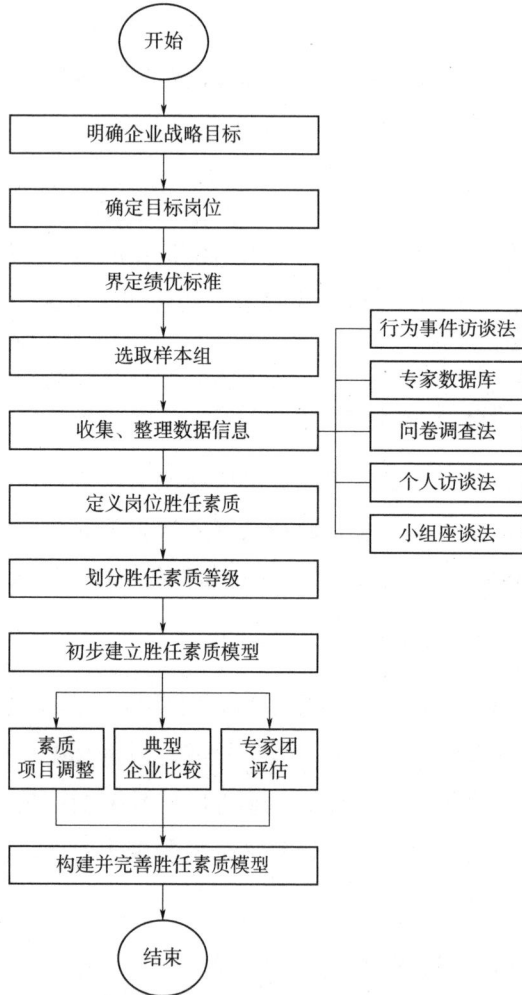

图 6-5　构建胜任素质模型的流程

表 6-5 是我在 2019—2021 年为某研产销一体化企业服务过程中，对其中高层及渠道拓展经理、销售经理、客服专员的"服务精神"这一能力素质进行的描述。

表6-5 能力素质之"服务精神"的描述

服务精神
定义：有帮助顾客的愿望和为客户服务的行动，努力发现并满足客户的需求。在这里，顾客或客户是一个广义的概念，它既包括通常意义上的顾客，也包括产品的最终用户、分销商，和组织内部在工作上的服务和支持的对象（如本部门的同事，上下级，其他部门的人员等）
维度：对客户需求的理解深度及回应水平
层级四：超常服务
时刻准备为对方服务，特别是当顾客处于很困难或关键的时刻。例如，当顾客需要时，花额外的时间与精力与顾客一起处理问题；实实在在地为顾客提供增值服务；采取行动，超越常规的期望
层级三：主动负责
主动承担责任，采取行动解决为顾客服务中出现的问题 迅速及时地解决问题，不推诿，不拖延，即使不是自己的过错造成的问题，也能立即采取行动为顾客解决问题，而不是先追究责任
层级二：促进团队互动，营造合作氛围
清楚了解顾客提出的要求，主动让顾客了解自己提供的服务内容 注意观察顾客对服务是否满意 主动为顾客提供自己认为有用的资料和消息 保持友好热情的服务态度（在这一级，没有表现出对顾客的需要进行分析，只是泛泛地提供自己认为有用的资料和信息）
层级一：有问必答
对顾客的询问、要求和抱怨做出答复 使服务对象了解到项目进展的最新情况（没有表现出为客户服务的主动性）

四、素质模型在招聘中的运用

通过对岗位素质模型的把握，我们可以在招聘面试过程中有针对性的出题，再做出对应的评分表进行评分。工作分析是企业实施招聘的基础，如果仅对岗位的组成要素，如岗位性质、特征、职责权限、劳动条件和环境等进行分析，将很难识别岗位的胜任特征要求。

基于胜任素质模型的工作分析侧重于研究岗位要求与优秀绩效表现相关联的特征及行为。工作分析结合胜任特征及其行为表现定义了岗位的任职资格，使胜任素质模型具有较强的绩效预测性，从而为企业招聘与录用人才提供科学的参考标准。

企业招聘之难，在于识别求职者的潜在素质，即如何从求职者过去的工作表现中预测其未来的工作绩效。当面试官对求职者的知识、技能及经验背景，结合岗位素质模型有针对性的出题，再制作对应的评分表进行评分，那么就可以对人才的潜在素质进行评价，分析其与应聘岗位胜任能力的契合度，并预测其未来工作绩效，从而作出正确的录用决策。

比如，招聘一位人力资源经理，结合企业对此岗的能力素质，我们可以设计的题目样式见表6-6。

表6-6　招聘人力资源经理题目样式表

胜任力结构	面试题目	答案中的技能要点
管理能力	1. 你在上家企业工作时有多少人向你汇报？你向谁汇报 2. 你是怎么处理下属成员间的矛盾纠纷的？请举个例子（行为式问题）	
团队协作能力	1. 人力资源经理和其他部门，特别是营销部常有矛盾，你是否遇到过，当时是怎么处理的（情景式问题） 2. 作为企业文化体系的推动者，你曾经在哪些方面做过努力以改善企业内部的沟通状况	
资讯把握能力	1. 平时是否关注劳动法方面的政策和动向，若是，最近有哪些新政策 2. 你对互联网时代的人才特性有哪些新观点	
承受压力能力	1. 你如何看待企业加班现象，上家企业的加班情况如何？你有什么感想 2. 以前企业的工作频率如何？需要出差吗？多长时间出一次差 3. 这种出差频率是否影响到你的生活？对这样的出差频率有什么看法	1. 要求求职者具体而细节的回答 2. 如果回答含糊不清，则追问
主动性	1. 请讲述你在过去的工作中，主动承担的一项特别艰巨的工作的例子 2. 请讲述你在过去的工作中遇到挫折的一个例子 3. 请讲述在新的岗位中最需要你发挥主动性的是什么工作	
责任心	1. 上家企业的领导是怎样评价你的责任心的 2. 有没有通过你的努力令企业避免了损失或者类似的例子 3. 你认为人力资源经理岗位的责任心的要求表现在哪里	

　　这样有针对性的提问，可以很好地识别出我们想要的人才能力结构，也可以了解人才的思维与综合素质，而不会让我们在选人的过程中"看走眼"。

　　基于胜任素质模型的招聘流程如图 6-6 所示。

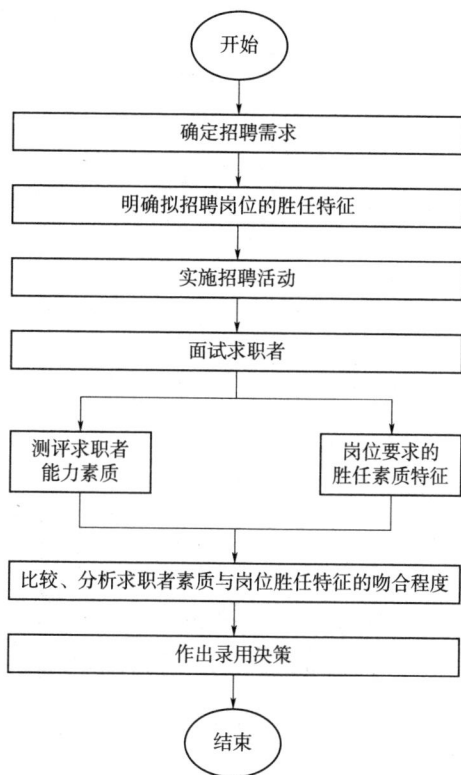

图 6-6　基于胜任素质模型的招聘流程

实例解析

　　某集团准备选拔 A 子公司的财务总监，该公司的管理现状如下：A 子公司是该集团较大的一个子公司，正在组建过程中，组织架构、流程制度规则都需要建立；A 子公司目前投资规划项目较多，且财务人员的技能也需要提升，特别是公司总经理个性比较强势。

　　结合前面的信息，我们简单提炼出"A 子公司财务总监"的胜任素质：

1.专业技能：咨询服务与决策支持、投资规划；

2.领导力：财务管理制度建设、团队建设、上级沟通能力；

3.个性：温和。

财务总监候选人（黄某）能力评估结果见表6-7。

表6-7　财务总监候选人（黄某）能力评估结果

能力要素		重　要　性	技能要求及评价等级
		1～10（分值越高越重要）	1～10（分值越高越符合）
素质／价值观认同	原则性	10	10
	团队协作意识	8	7
	数字敏感性	9	9
	价值观认同	10	9
	人际沟通能力	8	7
专业技能	咨询服务与决策支持	8	7
	投资融资规划	9	8
领导力	财务管理系统建设	8	7
	团队建设	9	9
	沟通协调	8	8
总　分		87	81
综合评估匹配度		93.1%	

注：综合评估匹配度=技能要求及评价等级分值÷重要性分值×100%，超过90%，可以录用。

第七章

以经营结果为导向的绩效管理

一说起绩效管理，很多人就会认为宽泛、复杂，其实它是非常细致的、随处可见的一项工作。无论是工作、生活抑或学习，都要有阶段的结果产出，且是正向的价值观一致的结果。这里我们只谈谈企业经营管理过程中的绩效，那什么是企业的绩效？绩效管理就是为企业经营呈现的一种方式。

好的绩效管理必须和企业的利润挂钩，利润是企业经营的本质。企业的管理应该以创造利润为核心要素。因为，社会资源占有得太多，却不能创造价值，那就是对资源的一种浪费。

第一节　认识绩效管理全貌

很多管理者认为绩效管理很简单，就是给员工的表现打分，真的这么简单吗？实际上，绩效管理不等于绩效考核，考核只是绩效管理全过程中最为简单的一环，没有前期的"同欲"之识，就不可能有考核后的"共识"，绩效管理就会流于形式。

一、理解绩效管理

企业通过各种方法和手段对员工施加影响，使员工工作活动及工作产出与企业发展目标保持一致该过程包括四个维度：绩效计划、绩效实施与辅导、绩效评估、绩效运用。

（一）绩效计划

在绩效评估周期的初期，根据企业战略性目标与计划的分解，结合员工岗位职责，与员工一起确定绩效计划，并制订绩效评估表。制订绩效计划的前提是要对目标进行清晰而全面的了解，这是绩效计划的来源。

为什么很多企业的绩效计划制订得很完美却不能有效的被执行？我们在辅导企业时，遇到了很多企业是由总经理和人力资源负责人两个人花了几天几夜在办公室里面制订出来的。那么，在员工看来，他们没有参与到计划里，没有参与感。哪怕员工理解绩效指标，也不会从心里认同并主动执行。最好的绩效计划应该是由员工从自身价值呈现的角度来制订计划。

（二）绩效实施与辅导

它贯穿整个绩效评估周期，通过观察、跟踪、记录和总结绩效，就绩效问题与员工探讨，提供指导性意见，共同找出解决办法。

绩效实施最重要的是过程的管控和实时的辅导，过程中对问题进行有效的观察跟踪与记录。如果没有做好这一环节，在后续绩效评估环节当中，依据就会容易失真，缺乏绩效管理的严肃性和严谨性，从而失去在员工心目中的威信和重要地位。

实例解析

某企业刚开始推行绩效考核时，在第一个周期大家很积极、很主动、很公正，执行到第五个考核周期的时候，发现考核就变成了形式。所有员工的考核分都在95分以上，大多数部门还出现平均分在98分的高分区。总经理和人力资源总监看到这种情况，就提出了个要求：打9分及以上就需要说明表现好的原因，打6分及以下的也说明评低分原因。提出要求后的前两个考核周期，大家还会写原因。可后续就出现了一个新现象：都打7分或8分，因为打这样的分值不用写原因。

我还曾统计过一家企业，该企业参与考核的对象包括：管理层、技术人员、销售人员、文职类共计90多人，一年共计有1 220份绩效考核表。其中，85分占70%，另外88分、82分、78分、75分这四个数字出现的概率也很高。发现这个规律之后，我又特意走访了17家企业，结果是惊人的相似。

为什么会出现这样的情况呢？因为企业管理不够严谨，无论是考核者还是被考核者，他们既不想冒尖，也不愿落后，于是就选择相对平衡的中间值。

（三）绩效评估

绩效评估体现在绩效评估的后期，通过收集、整理绩效信息，根据绩效评估表，组织相关考评人员对员工整个评估周期的绩效进行评估。

绩效评估原则上需要多方参与，至少是评估者和被评估者两者要进行一个沟通和碰撞，对绩效实施过程中的问题进行确认，以事实为依据，做到让被评估者心服口服。

（四）绩效运用

在绩效评估末期，根据员工的绩效评估结果与员工沟通，共同制订绩效改进计划，把绩效结果运用到奖励薪酬、奖赏、培训、人事变动中。

绩效结果一定要体现在人才综合运用方面，与奖罚、人才的变迁和职业发展高度关联。如果不相关联，那么绩效考核就失去了它应有的作用和价值。有的企业只做绩效考核，而不与人才变迁发展关联，这其实就已失去了绩效评估结果应有的价值和公平性。

二、认知绩效的四个层面

凡是利于企业利润目标达成的，包括现在的利润、将来产生利润的因素，我们都可以称之为绩效。绩效可以分为四个层面：第一层面，利润；第二层面，利润因子；第三层面，方法、管理机制；第四层面，知识、能力、态度。具体见表7-1。

表 7-1　绩效的四个层面

层　面	因　素	含　义
第一层面	利　润	毛利、净利润、销售利润率、人均利润、资产利润率、净资产收益率、总资产收益率、经济附加值等
第二层面	利润因子	销售收入、市场份额、品牌影响力、客户忠诚度、产量、产值、产品合格率、坪效、现金流量、生产周期、品质直通率、库存周转率、产品售罄率等
第三层面	方法、管理机制	工作工具、工作流程、程序、生产工艺、激励体系、企业文化、管理制度、沟通机制、监控体系、风险管控体系等
第四层面	知识、能力、态度	战略知识、营销知识、法律知识、信息收集与分析能力、目标与计划制订能力、交际谈判能力、对企业忠诚度、敬业度等

（一）利润

企业的利润有：净利润、利润总额、税后利润、投资回报率等。利润是企业生存的底线。

企业的利润不是瞬间反应值，而是需要一个时间周期。如果我们只关注利润，显然是不行的，因为到了利润呈现的那一刻，没有过程的监控、过程的支点和过程的关注，那么绩效就可能成为空壳。到了年底或者半年度对利润进行核算的时候，企业可能出现收支不平衡、业绩在上升，但费用上升率比业绩上升率更大的情况。

核算时发现成本上升率≥业绩上升率，那么企业的净利率一定是下降的，如图 7-1 所示。

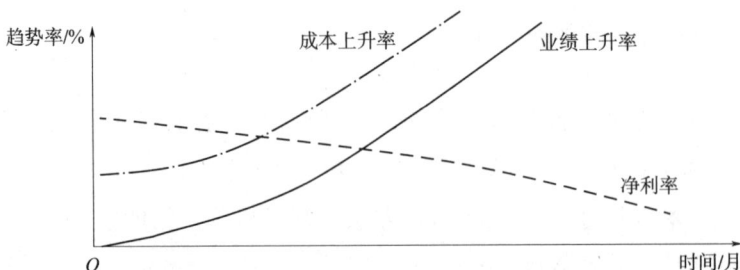

图 7-1　成本上升率≥业绩上升率的情况

在这种情况下，企业发展得越快，亏损就越多，风险也越大。从经营的角度，为了保证经营结果的良性发展，我们一定要注重对过程的把控，才会有图 7-2 的完美结果。

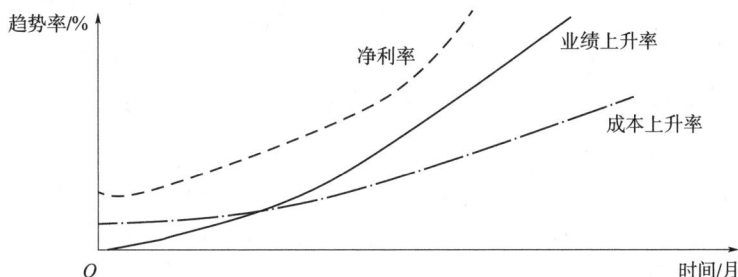

图 7-2 业绩上升率≥成本上升率的情况

在企业经营管理的过程中，部分管理者经常说："我只要结果，不管过程，过程是你们去考虑的事情。"从经营的角度，说这句话的企业家或者高管，基本上不懂经营的本质是什么。优秀的产品品质一定要有严格的过程作为保障，现在优秀的管理都强调有过程可追溯。例如，好的茶饼，有二维码可追溯过程，展示树龄、采摘、烘焙工艺等；一些餐饮企业设置了 4D 厨房，会将菜品烹饪的全过程呈现给客人。

（二）利润因子

绩效过程管控中最重要的环节就是促成利润产生的因素，我们称之为利润因子，如销售额、市场份额、顾客满意度、生产周期等。

特别需要关注企业的人效：企业整体平均人效、管理层人效、业务人效、研发人效、管理层与业务人效比、管理层与研发人效比、直接业务部门与间接业务部门人效比等，以及店铺销售的人效、坪效、客单价、连单率、VIP（高级会员）消费占比、产品周转率、产品售罄率等，这些关键因子能及时反映出企业在管理上的问题并能针对性地进行问题改善。

（三）方法、管理机制

企业在不同时间能创造出不同的价值，同规模同行业的企业也能创造出不同的价值，为什么呢？主要原因就是企业员工的工作态度、工作方法；

企业的工作任务分配机制、管理机制与工作环境的因素。

企业的管理因素与企业文化不同，导致绩效产生的结果不同。我曾给三家规模接近，做电子配件的企业服务，他们都是研发、生产、销售为一体的企业。主要产品有：蓝牙耳机、蓝牙便携式音箱、手机钢化膜、电源线、适配器等。三家企业的业绩却有着天壤之别，A 企业年营业额仅4 000 万元，B 企业 9 000 万元，而 C 企业却有 2.4 亿元的年营业额。导致这种差异的原因既是人效的问题，也是企业经营绩效的环境机制不同所造成的。例如：工具、流程、程序、企业文化、激励体系、管理体系、协调机制、沟通机制、监督控制、成本管控、风险管控等，这都是绩效环境机制的范畴。

（四）知识、能力、态度

员工的知识、能力、态度等综合因素，对于绩效正向结果的影响比较明显，专业的人来干专业的事；员工要有做一行爱一行的职业精神。

一般中小型企业的绩效考核指标库中，利润因子占总考核指标数的40%～60%。因为他们可以量化、对企业的经营结果能及时见效，利于企业快速反应与调整策略。第一层面与第二层面的指标数可能会占到绩效考核权重 70%～80%；第三层面与第四层面更多地体现了"软实力"方面，可量化度较少，改变与提升是一个缓慢的过程，因此考核的权重也相对偏低，一般只占 20%～30%。

三、企业战略与各层绩效目标的关系

目标绩效管理需要分层分级，不同层级的人员负责不同的内容，通常情况下，中小企业董事会需要承担企业的远景战略目标规划和年度经营目标的责任。企业的正副总经理，需要对战略规划、年度经营目标承担责任。中层部门经理需要对企业的年度目标计划和部门的计划承担主要的责任，而基层员工主要对个人岗位的职能职责所赋予的工作目标承担责任。

实例解析

我曾经遇到过一家企业，研发中心分了多个研发项目小组。每个小组由 1 位项目主管、2 位高级工程师、1 位工程师、2 ~ 3 位助理工程师组成。企业的总经理直接和这个研发小组达成业绩协议。如果小组在规定时间内产品研发成功，将奖励这个小组 10 万元，如果达不成这个项目将予以 2 万元的处罚。

这个业绩协议看起来比较公平，其实它的逻辑层次关系混乱。一个产品项目的研发成功与否，不是一个研发小组所能决定的。虽然他们是研发的主力军，但是真正研发一款产品，需要多部门配合才行。其中，包括：市场部要参与产品立项，工业工程部要参与产品设计，生产部需要参与打样试做，采购部需要参与新材料的开发与采购。

如果没有这些部门的参与，单纯参与业绩协议，失败率是比较高的，对研发团队的打击会很大。正确的逻辑是：研发部（研发经理＋项目主管）、市场部经理、工业工程部经理、生产部经理、采购部经理，企业与这 5 位部门负责人＋项目主管，共 6 位参与业绩协议，项目的成功率将会大大提升。哪怕是他们达成业绩 1:2 的协议，成功奖 10 万元，失败罚 5 万元都是可行的。

不同部门的人承担不同的责任，哪怕是这个项目失败了，按照项目计划书，过程中评审通过的工作，应给予工程师、助理工程师的绩效奖励还是要给予。因为一个项目产品研发的成功与否，他们没有能力进行全方位把控。

四、绩效管理的五大核心功能

（一）导向功能

绩效管理是企业的"指挥棒"，能指引员工的工作目标与方向，引导其工作行为和结果与企业导向功能追求利润最大化的目标保持一致。绩效管理把员工的个人目标与部门目标、企业目标、企业战略紧密结合在一起。公平、公开、合理的绩效管理体系，能正向带动企业文化，提升团队凝聚力与向心力，指引大家在企业的战略蓝图下同心协力。当下，企业的考核是结果导向、行为导向、还是能力导向，不同的导向在设定指标时会有不同。

1. 以结果为导向，考核指标主要着重于KPI，也就是以利润和利润因子为主导。这样做的好处是对于企业的经营结果有保障，缺点是不利于企业文化的建设，但对于中小企业而言，以结果为导向还是主流。

2. 以行为为导向，强调的是企业的文化、商业礼仪、职业化程度。对于过了生存与发展期的企业，从战略的长期来看这是个不错的导向。例如：阿里巴巴的考核中企业文化占比为50%，大企业强调文化的力量，小企业在文化的力量还没有形成之前，以行为导向作为辅导指标。

3. 以能力为导向，这是企业的最高境界，将人放在主体，把人才的成长、成才、成功放在首位，就是真正做到人力资源开发和人力资源赋能的阶段。强调企业的学习氛围、成长，以激发人才的内驱力为主，当企业人才成为企业的最重要的资本之时，那么，企业的经营结果与员工的行为都不是问题。

（二）管理功能

绩效管理是衡量个人工作价值的核心要素，通过绩效来体现人才在企业中发挥的价值。绩效管理是企业综合管理的核心要素，用于保证员工履行自己的职责，保证企业各项经营管理事项顺利进行，保证企业各项规章制度、工作程序得到贯彻执行。

绩效管理是所有管理中不可或缺的重要手段，绩效管理权是对下属管理的核心权利，如果一个管理者没有对下属的绩效进行评价的权利，其行政权利是不被认可，也无法有效地开展工作。

（三）激励功能

绩效管理的重要功能之一就是激发正能量，惩罚或规避负能量，通过对员工的价值贡献进行评估，为薪酬分配、奖惩、职级晋升、岗位调动提供依据。

（四）诊断功能

通过绩效考核反馈的结果，可以明确企业的优势资源和劣势资源，也可以分析出企业在管理方面的优点与不足，例如：流程的合理性与顺畅性，人才的能力状况等方面。从而分析影响战略实施的因素，找出不利的关键因素，寻找解决办法，进一步完善管理机制，提高企业的经营管理效率。

（五）开发功能

通过绩效管理发现员工知识、能力、态度等方面的缺陷，指导他们改进，以开发其潜力，使其能力得以提升，从而提高他们的绩效水平。在科技时代以人才为主导，通过考核将企业的员工分为五类："人财"、人才、"人材""人在""人裁"。

1."人财"是企业盈利的关键性核心员工，也是企业关注的焦点。但这类员工，可能会傲才，这时企业应提供更多的机会与空间，便于创造更大价值，让个人价值得到充分的体现，帮助他提升成就感。

2.人才是企业不可或缺的员工，他们多数能给企业创造一定的财富与价值，对企业也相对忠诚，但他们最需要的是企业对他们的尊重与重视。这类员工只需适时的鼓励与培训，加以鞭策和良好的引导，即可使其成为"人财"。

3."人材"是进入企业不久且有一定技能的员工，属理想主义者居多。企业应对他们加强培训，进行必要的"雕刻"使其成为人才，成为企业未来的关键性员工。这种"人材"的培养成本是最低的，潜力价值也是最大的，不过要把握好度，特别是要加强对其自尊心的关怀，否则可能会适得其反。

4."人在"一般是有着多年职场经验的办事类一般的员工，也可能是由于环境的因素或是其自身的原因不思进取，对企业无功也无过的一类员工，不违反企业制度也不会创造太多价值，多数是上下班最准时的人群。这种群体应加强思想转变性教育，让其与时俱进，成为企业新时代的人才，如教之不改，就要考虑变成"人裁"。

5."人裁"是对企业无功或有时还会有损于企业利益一个群体，他们可能会在企业内部造成麻烦，也可能是企业小道消息的传播主体、谣言滋生的"温床"，这部分人员企业应及时将其"裁剪"掉。

第二节　战略绩效考核的四个维度

对绩效的管理是指企业通过各种方法和手段对员工施加影响，使员工工作活动及工作产出与企业发展目标保持一致的过程，包括四个维度：德、勤、能、绩。

一、德：品德、作风

德，主要包括思想作风、职业道德等方面。具体地说，就是为人正派、处事公正、清正廉洁、拒绝"吃拿卡要"、遵守商业规则。

小成在才，中成在谋，大成在德。小的成功在于才华，中等成功在于谋略，大的成功在于德行。考核主要对象是企业的中高层管理者，所以对于德而言是第一位的，无德不配位。如果企业高层的德行不够，就会出现"得志便猖狂"的现象，他们可能会过分地运用自己手中权利。

实例解析

CS 企业的营销负责人章总，从前和总经理的关系比较亲近，随着业绩不佳和总经理的交情渐渐地疏远。于是感到心有不甘，她想到了一个让企业快速得到现金流的方法。企业供货给代理商与加盟商的定级条件按上年度的业绩而定，按企业最新规定，代理商和加盟商的定级条件与供货折扣见表 7-2。

表 7-2　代理商与加盟商的定级条件与供货折扣

级　别	定级条件	供货折扣
A 级省代理商	2023 年拿货 1 500 万元，或承诺 2024 年拿额达标	32 折
B 级省代理商	2023 年拿货 1 000 万元，或承诺 2024 年拿额达标	35 折
市级代理商	2023 年拿货 500 万元，或承诺 2024 年拿额达标	38 折
A 级单店加盟商	2023 年拿货 200 万元，或承诺 2024 年拿额达标	42 折
一般单店加盟商	2023 年拿货低于 200 万元，或承诺 2024 年拿额达标	45 折

说明：定级条件拿货金额与供货折扣，均按企业产品的吊牌价计。

由于章总的考核指标只与业绩挂钩，她并没有考虑到企业库存的运营成本和库存风险。因此，章总私下与部分关系好的代理商、加盟商达成协议，多下单订货。唯有超额完成拿货额的客户，她才会在调换货上给予客户更大的优惠。如果客户不配合拿货，她就会在其他方面不予支持，如不支持促销商品、调拨商品配合度低等。

正所谓，上梁不正下梁歪，对于企业高层，道德方面是一定要考核的重中之重。

二、勤：态度、责任心

勤，相当于常见的"态度与行为"，包括积极性、纪律性、责任感、出勤率四个方面。具体地说，是否具有良好的工作态度、事业心、责任感和服务精神；是否肯学肯钻，任劳任怨；是否达到规定的出勤率。

唐代韩愈在《进学解》中写道："业精于勤，荒于嬉；行成于思，毁于随。"勤是一个人精气神的标志。作为职场人，谁都不愿意看到自己的同行者是那种荒嬉、毁于随的人，当然自己也不能这样，我们乐于见到那些成功的超大型的企业，很多员工会为了达成目标而主动加班。

有没有业绩是综合问题，首要是态度，即是否勤奋。我非常认同一位朋友的话，企业家是稀缺资源，不是每个人都能成为企业家。即便成为企业家，还要在思维与态度上达到一定的高度，这样才能得到想要的职业、地位、收入、名誉等。

三、能：知识、技能

能，主要指工作人员从事本岗位的工作能力。即分析和解决问题的能力及独立工作的能力等。具体地说，它主要包括学识水平、工作能力和身体能力等三个方面。

1. 学识水平包括文化水平、专业知识水平、学历、工作经历等。如：文化水平是指对文化的理解能力与晋级能力，是对新事务的理解能力与吸收程度，也是思维方式的体现；专业知识水平是指对应岗位需要的专业知识,例如,财务知识、大客户服务知识、法律知识、电子电路知识等。

2. 工作能力包括领导能力、管理能力、决策能力、计划能力、组织能力、监督能力、调控能力、反应能力、适应能力、预见能力、创造能力、表达能力、谈判能力等。这些是职场人所要具备的通用能力,特别是管理层必不可少的要求,如果想职级更上一层,对于这些知识的要求与能力运用的娴熟度就越高。

表 7-3 为某企业的管理层对于"决策能力"要求进行的具体描述。

表 7-3 某企业的管理层对于"决策能力"的描述

名 称		决策能力
定 义		指相关人员通过对事实与数据的分析,依据当前形势和未来预期的发展,针对某些问题和现象,作出恰当、合理、及时和实际的判断并采取行之有效行动的能力
行为表现	一级	1. 根据工作经验,能够对要解决问题的性质和决策目标进行准确定位 2. 能够及时给出可行的常规问题决策方案 3. 掌握决策备选方案的分析技巧,能够迅速且准确地判断各种备选方案的优势和不足 4. 能够借助信息和分析工具给出非常规问题的有效解决方案,识别和理解数据,比较分析不同来源的数据,运用有效的方法来选择行动方针和方式
	二级	1. 能够通过纷繁复杂的表面现象,对存在问题的性质进行合理判断,并能够在此基础上迅速确定决策目标 2. 能够根据工作经验和技巧,果断、及时地作出合理有效的常规决策 3. 对自己所做的非常规决策可能产生的影响有清晰的认识,并能够借助信息和分析工具在各类备选方案中选择最有效的方案 4. 能够综合当前内外部动态形势、大数据、情报等信息,对当下问题进行判断和有效决定
	三级	1. 能够及时给出可行的常规问题决策方案 2. 掌握决策备选方案的分析技巧,能够迅速且准确地判断各种备选方案的优势和不足 3. 能借助信息和分析工具给出非常规问题的有效解决方案 4. 在复杂且风险高的形势下,通过适度分析多个领域内的各种信息,能够作出有长期影响的战略性决策

3. 身体能力主要是指年龄和健康状况两个因素。自从美国管理学者托马斯·彼得斯与罗伯特·沃德曼在 1982 年出版的名著《追求卓越》一书提出走动管理(management by wandering around,简称 MBWA)以来,对管理者的身体能力提出了更高的要求,管理不再只是坐在办公室里看文件

与报告，而是要身先士卒，深入工作一线，了解员工的思维与想法，了解一线员工的真实情感，与团队工作融为一体，这就需要年长的管理者也拥有和青年员工一样的身体素质。

例如，商业咨询的老师身体素质也很重要，我在之前的授课高峰期是连续讲了 11 天的课程，而且是白天讲课，晚上赶行程。有一次，白天在江西九江讲课，下课后赶高铁去河南禹州准备第 2 天的课程，凌晨 4:00 才到客户企业，早上 7:30 起床，9:00 就要讲课，休息时间不到 3 小时，在面对学员时必须是充满激情的。当时学生知道我的行程后表示难以置信，惊叹我能保持如此好的精神状态。

四、绩：效率、业绩

绩，指工作人员的实际贡献，相当于可目视化的"结果"，即完成工作的数量和质量，包括：是否按时、按质、按量完成本职工作和规定的任务，在工作中有无突出成绩。除拥有良好的品德道德修养、价值观、知识技能和态度、职业道德外，还得要有业绩呈现，特别是关键时候能顶得上。

一名优秀的篮球运动员，无论他运球的姿势有多么的优美、无论他带球能绕过多少的竞争对手，如果最后投篮不能得分，他所有的前期表现只是一场表演，而不能获得更高的奖励。最终成功的结果是，投资人需要、经营者需要、团队需要、我们自己也同样需要。

在以上四个维度中，不同岗位或同一岗位在不同时期的考核权重是不同的。权重是指在考核过程中对被考核对象各方面表现的重要程度进行定量分配，对各考核要素在总体考核中的作用应区别对待，合理确定权重体现着引导意图和价值观念。

第三节　战略绩效指标体系的构建

绩效指标的来源一般是岗位职能、工作流程、团队要求等方面，为什么很多企业员工的绩效考核很优秀，但企业的经营目标却没有达标呢？究其原因，是绩效考核的指标没有从企业战略的角度出发。

一、企业层面的战略绩效指标

企业级的战略目标可以按平衡计分卡（BSC）的操作流程从财务、客户、内部营运、学习与成长四个方面展开。

（一）财务方面

以提高企业净资产回报率为导向，以"两提高一控制"为原则，即提高企业盈利水平、提高资产利用率，控制合理的财务结构，具体的指标见表 7-4。

表 7-4　提高企业净资产回报率可构建的指标

维　　度	指　　标
净资产回报率	投资回报率、利润率、市值、经济增长值、品牌溢价能力等
提高企业盈利水平	企业知名度、产品美誉度、最佳雇主建设等
提高资产利用率	资产周转率、资产利用率、库存消化率、闲置资产处理及时性等
控制合理的财务结构	财务预算管理、货款回收保障、支付管控体系等

财务指标是企业经营能力最直接的体现，企业经营的过程中，在保持对法律敬畏感、职业道德感，遵守自然规律性、行业规则性的前提下，言商谈利是合情合理的，这是商业的本质与内涵。

（二）客户方面

客户是企业资金核心来源点，也是财务方面保障的直接提供者，因此提高获客方面的指标是一个非常重要的指标。优秀企业一定是先关注客户，再关注股东。在客户指标层面总结为"四提高"导向，即提高客户盈利能力、提高市场份额、提高经销商满意度、提高终端客户满意度；"一建设"为基础，即建立良好的企业和品牌形象。提高企业获客可构建的指标见表 7-5。

表 7-5 提高企业获客可构建的指标

维　　度	指　　标
提高客户盈利能力	客户获得能力、引流能力、内部运营支持、货品支持、成本管控、流程合理化等
提高市场份额	老客户保有率、老客户业绩提升率、新客户开发进度、新客户质量等
提高经销商满意度	支持力度、响应速度、解决问题的满意度等
提高最终客户满意度	产品质量、产品美感、问题解决、B端（面向企业）服务商的服务能力与态度等
建立良好的企业和品牌形象	日常宣传、品牌建设、活动推广、VIP回馈、应急公关处理等

所有企业都要有自己精准的客户，无论是营利组织还是公益组织，都要关注客户的动态与需求。直接面向客户的企业可能好理解些，对于面向公司的企业也同样需要关注终端客户的需求与满意度，这是企业能长期生存的制胜法宝。

实例解析

某儿童时尚品牌服装企业，总经理自己任产品设计总监，她是一位情调十足的文艺女士，前期的产品在特定的小众领域销售量尚可。在一群好朋友的建议下开始进行商业化运作。要进行定位的转型，从艺术设计师到商业设计师，在思维上需要很大的转变，可这位总经理没有转过来，在商业的过程中仍然将产品定位在个人的情怀中，与商业市场严重脱节，那些曾经劝其商业化的朋友们也开始抱怨她不了解市场需求，让投资打了水漂。

这位总经理就是典型没有理解商业原则，商业产品是以客户满意、愿意投钱买单为前提的，需要适时放弃自己执着的部分。既要关注其代理商的需要（盈利），也要关注到终端的买家的需求。

（三）内部运营方面

无论是财务能力，还是市场客户方面，都是基于企业内部的运营能力的优劣，即企业组织力。优秀的企业组织力如一张网，环环相扣。内部运营主要从 5 个维度展开，具体见表 7-6。

表 7-6　内部运营的 5 个维度与指标

维　度	指　标
技术创新能力	旧品迭代速度、新品开发速度、产品应用价值、产品引领性、产品的独特性等
对市场的洞察力	环境政策的变化、行业趋势、竞争对手变化、客户需求的变化等
客户关系维护能力	客户黏性、客户转介绍、客户建言等
供应链整合能力	专品特供、专研新品配合、供应响应速度、品质保障、价格合理性等
职能管理能力	团队凝聚力、向心力、高效能、互助性、流程顺畅性等

内部运营能体现企业的整体战斗力，企业需要建立持续优化与完善企业的相关流程和制度，确保企业的运营在正确的轨道上而不脱轨。企业运营看似一件很简单的事情，无非就是关注重点、分工合理、流程高效，实则存在非常大的差异。

实例解析

某企业做面向公司的业务，年营业额在 4 亿元左右徘徊了三年。表现出的主要问题有：一是产品的研发跟不上；二是销售团队不够稳定。由于产品研发跟不上，老产品在市场内没有竞争力，而销售团队不稳定，产品的研发对市场的敏锐度不够，时常出现项目方向性错误而做无用功，很多研发项目进行了一半就停止，重新立项再开始又延长了时间，就这样双向恶性循环……

总经理认为这是个很简单的问题，解决好研发或销售就可以，可是总经理一年多也没有解决这个问题，为什么呢？因为总经理之前是做生产管理的，没有全面经营管理的思维，其实这是一个战略定位问题，先明确企业是研发驱动型的还是销售驱动型，这个问题，集中优势力量攻克关键问题，其他的部门都全力配合，问题就迎刃而解。否则，一直在细枝末叶上进行管控，是解决不了根本性问题的。

（四）学习与成长方面

人才是企业最基本的财富。新进人才能力差，不是管理者的错，但人才一直不能提升与跟进，则是管理者的问题，提升人才的能力是企业最基本使命之一。不学习进步的企业，一定会被时代所淘汰；不学习的人，绝对不可能成为人才。企业学习氛围的建设与人才成长主要从 5 个维度展开，具体见表 7-7。

表 7-7　企业学习氛围的建设与人才成长的 5 个维度与指标

维　度	指　标
持续提高员工技能	学历进修、专业知识提升、职称评定、工作创新能力等
持续提高员工职业素养	人文素养、商务礼仪、生活品位、精神追求、艺术欣赏等
提高员工满意度	工作的愉悦感、场景的舒适度、包容的文化理念、心理的关怀感、人文的亲近感等
创建企业文化	信任的文化、奋斗的文化、开放的文化、包容的文化等
提高应用系统的应用水平	现代办公体系、应用科技的普及等

关注人才的成长就是关注企业的未来，从战略的角度考虑，一定要关注企业核心人才、可塑性人才，并在人才的培养方面进行适当的倾斜。

平衡计分卡（BSC）主要是解决企业战略层面的绩效体系，具备全局性、高度性特征，是企业股东、高层关注的内容，大部分指标都无法直接进行理性与量化考核，这是正常的，能落在实处的细化指标将是本节要介绍的内容。

二、KPI绩效指标库建立思路

企业级的战略目标相对宏观，而建立具体的可实施的指标库时，需要针对岗位特征进行一一的细化，做到对文化有导向性、对工作有指导性、对岗位有针对性、对考核的能力有真实性。

例如，某企业的年度业务重点与策略目标为：①维持或增加市场份额，②减少废品数量并提高利润率。那么，管理者就需要以此为导向，分析出企业的 KPI，各职能部门及各岗位的指标需要围绕解决这两个目标而制定。具体见表 7-8。

表 7-8　基于企业战略目标的各一级部门 KPI 指标来源

序　号	企业级业务重点与策略目标		各一级部门 KPI 指标		
	业务重点	KPI	销 售 部	生 产 部	人力资源部
1	在 2024 年维持或增加市场份额	2024 年销售额达到 20 亿元	1. 年销售额达20 亿元 2. 有效回款率达 98% 及以上 3. 区域市场占有率 25%，挑战目标 30% 4. 客户满意度为 90% 及以上	1. 原材料合格率在 99.85% 及以上 2. 产品质量直通率 95% 及以上 3. 废品、次品数量在 2023 年基础上降低 5% 4. 产品入库交期达到 98% 及以上	1. 大客户销售及时满足率100% 2. 骨干员工流失率降低 2% 3. 技术人才保有率 100% 4. 生产人员技能合格率95%
2		区域市场份额维持在25% 或以上			
3	减少废品数量提高利润率	废品、次品数量下降 5%			

绩效考核原则上最好直接落实到所需的岗位上，这样更有针对性，避免出现"滥竽充数"的现象。岗位的绩效考核指标来源有三个，分别是：

1. 来源于岗位职责：个人职责实施；

2. 来源于部门目标：对上级绩效的贡献；

3. 来源于流程目标：跨部门的绩效贡献。

例如，从某培训专员的岗位职责中提取 KPI，具体见表 7-9。

表 7-9　某培训专员的 KPI

工作职责	KPI 维度
根据年度培训计划编制培训计划书	培训计划书的质量
组织培训的实施过程管控	培训实施报告完成情况
编制培训管理制度、流程并按照制度与流程实施	培训制度制订与完善
管理培训相关资源，包括外部讲师与内部讲师资源	培训内外部资源建立
按照培训管理规定，建立相关培训档案	培训档案的整理质量

先有了维度再进行量化的提取，量化的要求通常要从质量、成本、时间、数量这四个维度制订。

例如：从某人力资源主管职责中提取 KPI，具体见表 7-10。

表 7-10　某人力资源主管的 KPI

职　能	质　量	成　本	时　间	数　量
负责绩效考核工作	绩效推进的满意度	绩效考核的时间成本、费用成本	绩效考核工作的及时性	绩效考核覆盖率
负责培训工作	培训效果，培训后的质量改进	培训费用	培训规划完成/时间合理性	培训时间数/人数/场次
负责招聘配置工作	招聘工作的质量	招聘费用	招聘的及时性	招聘入职数/转正数
负责劳动合同与纠纷管理工作	劳资关系的和谐度	劳资纠纷费用额	结案及时性	劳动关系仲裁或法院次数
负责人力资源基础管理工作	人力资源体系完善性	人力资源费用控制率	流程制度完成时间	新模块的开展数量
……	……	……	……	……

　　再从质量、成本、时间、数量这四个维度进行结合，转化为具体的指标库，我们给某生产型制造企业提炼的 KPI 指标库，具体见表 7-11。

表 7-11　某生产型制造企业的 KPI 指标库

指标名称	指标定义	计算公式（评分标准）	目标值	数据来源	权重 /%	备注
生产计划达成率	生产主管根据客户要求及现场的人机物料合理制订生产计划	实际完成件数÷排产件数×100%	90%	生产管理部		
样品按期交货率（含试做品）	根据营业提供的试作品、指示书要求完成的时效性	试作完成件数÷总试作件数×100%；每少于 5% 减 1 分，以此类推	100%	生产管理部		
安全事故发生次数	生产过程中发生的工伤、安全事故	每月收集件数	0	生产管理部		
生产成本控制率	以利润中心给各加工部门的成本率为准	直接生产成本÷产值	以绩效制度为准	财务部		
环境事故发生次数	生产过程中发生的泄漏、污染及居民投诉等事件	环境事故每月发生的次数	0	人力资源部		

续上表

指标名称	指标定义	计算公式（评分标准）	目标值	数据来源	权重/%	备注
出货抽检合格率	部门产品在加工包装完毕后，品管抽检达成情况	合格批数÷出货批数×100%；每少于5%减1分，以此类推	98%	品质管理部		
制程异常率	加工制程中，品管抽检的异常情况	异常件数÷检查件数×100%；每高于5%减1分，以此类推	0.15%	品质管理部		
一次良品率	生产部门每月良品的合格率	良品总数÷包装总数×100%；每少于5%减1分，以此类推	98%	品质管理部		
客诉异常件数	来自客户对产品未达成客户品质要求的信息（书面）反馈	客户投诉每月发生件数	3件/月	品质管理部		
客户批量退货率	客户对未达品质要求的部品整批退回企业重新返工、返修的件数	客户整批退货件数	2件/月	品质管理部		
8S①不符件数	8S检查过程中发现的不合格次数	8S检查过程中实际发现的不合次数	2件/月	行政管理部		
人员稳定率	人员稳定人数占总人数的百分比	（总人数－辞职人数）÷当月平均总人数×100%	90%	人力资源部		
培训完成率	新员工培训、在员工培训、转岗培训、企业及部门安排的其他培训	已完成培训件数÷当月需完成的总件数×100%	100%	人力资源部		
客户扣款率（不良质量成本率）	退货金额占当月营业额的10%（含）以上；或单项（单一一种工艺或产品）的扣款率在3%（含）以上	客户扣款金额÷总营业额×100%	98.00%	财务部		
选别次数	客户处选别次数	去客户实际选别的次数	2件/月	品质管理部		

① 8S，即整理（seiri）、整顿（seiton）、清扫（seiso）、清洁（seiketsu）、素养（shitsuke）、安全（safe）、节约（save）、学习（study）8个项目，简称8S。

续上表

指标名称	指标定义	计算公式（评分标准）	目标值	数据来源	权重 /%	备注
纠正预防措施完成率	纠正预防措施单在规定时间完成的时效性	完成件数÷发行件数×100%；每少于5%减2分，以此类推	100%	品质管理部		
纠正预防措施效果达成率	纠正预防措施在规定时间完成的效果	当月能完成的当月验证，当月验证不了的算在结案月	100%	品质管理部		
制程部品防护不当次数	制程中由于防护不当导致部品生锈、打伤（含运输翻倒、行车吊翻）等	制程中部品防护不当发生的实际次数	100%	人力资源部		
设备日常维护不当造成故障、停机次数	由于设备缺油、缺水、载重量（含投入量）超负荷等造成设备的故障、设备备件安全库存不足导致停机	设备日常维护不当造成设备故障、停机的实际次数	100%	设备管理部		
技术创新件数	工作中技术创新及改善提案	技术创新及改善提案的实际件数	2件/月	人力资源部		
主要设备稼动率	以环比数据为准（2018年参考）	/	/	生产管理部		
记录控制抽查符合率	ISO①管理科每月对生产部门的记录与标准抽检符合状况	抽检合格件数÷抽检总件数	100%	生产管理部		
开发进度按时完成率	新开发的汽车产品推进计划完成状况	完成件数÷计划件数×100%	≥95%	生产管理部		
工艺文件差错次数	工艺文件完成的准确性	每月收集错误次数	≤1次	生产管理部		
工艺文件完成及时率	工艺文件完成的时效性	按期完成件数÷计划完成件数	100%	生产管理部		
不合格品返工合格率	批量不良返工后合格状况	返工合格批次÷返工总批次	100%	品质管理部		

①　ISO，国际标准化组织。

以上为部门的指标，考核时再进行分层分级划分，如科长、组长、组员，分别考哪些指标，原则上同一指标最多同时出现在二级被考核者身上，尽量不跨三级或以上的，否则就会无法体现针对性。

三、品行绩效指标库建立思路

品行（即关键行为）指标是考察各部门及各级员工在一定时间、一定空间和一定职责范围内关键工作行为履行状况的量化指标，是对各部门和各级员工工作行为管理的集中体现。部门品德得分不仅取决于所属全体员工品德得分的简单叠加，也取决于部门本身的组织结构和管理模式。

科学、合理的组织结构和管理模式，有助于所属全体员工品德得分相同的情况下，部门品行成绩的大幅度提升。行为的考核是绩效管理的最大瓶颈，由于其不能进行直观的量化，可以通过胜任力模型有效解决行为指标考核的主要问题。具体见表7-12。

表7-12　胜任力模型指标考核的主要问题

胜 任 力	品　行	细化标准	
爱　岗	1. 坚守岗位	（1）不早退，不迟到	（2）不擅自离岗（有事必须请假）
	2. 条理操作	（1）不违反要求规定	（2）不违反程序操作
廉　洁	细节	（1）工作中考虑成本	（2）不贪占企业的财物
忠　诚	1. 不说假话/做假事	（1）真诚对待上下级同事和客户	（2）不作假、不偷奸耍滑/偷工减料；
	2. 不以权谋私/假牺牲	（1）不用权为自己谋利	（2）一切言行符合最高集体利益
高　效	1. 行动迅速	（1）第一时间动作	（2）不无故拖延时间
	2. 理解准确	（1）不忽视每个细节	（2）不做丢三落四的事

再结合企业的实际情况，变成可操作的评分表，具体见表7-13。

表7-13 行为考核可操作的评分表

考 核 项	评分标准			
	满分 +50%	满 分	满分 −50%	0 分
工作积极性	积极主动完成任务，并且时常超额完成目标	能积极主动完成工作任务	能按时完成工作任务，但需主管督促	工作懒散，经常不能完成任务
工作服从性	服从性强，能彻底执行工作命令	服从性好，上级交办工作尽力达成	服从性一般，需主管督促	服从性差，无工作热情
工作责任感	积极主动，责任心强，负责的工作有绝对达成的信念	责任心强，能努力做好本职工作	有责任心，需主管督促	责任心差，工作敷衍了事
专业知识与工作技能	专业知识工作技能丰富，能充分胜任及改善工作	专业知识工作技能尚可，能完成本职工作	专业知识工作技能一般，基本能完成本职工作	专业知识工作技能欠缺，工作任务完成较差
分析判断能力	掌握分析问题的技巧，能够比较迅速抓住关键问题，并进行相关性研究，往往能够找到解决办法	掌握一定的分析问题的技巧，基本能够抓住问题的关键，并找到解决问题的方法，偶尔需要借助他人力量	能够分析问题和寻找解决办法，但有时抓不住关键，对事物有大概的判断和评估，但有时会出现判断失误	没有掌握分析问题的技巧和解决问题的方法，常常出现判断失误
协调与沟通能力	具有很强的协调和沟通能力，较重视与其他部门协调，并与之共进	能主动与相关单位或同事协调，顺利完成工作	能与他人融洽合作，完成工作	沟通能力差，态度生硬，难以进行交流
异常处理能力	异常问题能立即处理完善，并且能防止再发生	异常问题能实时处理完成及反馈	异常问题处理完成不够及时	异常问题不知如何处理，反馈不够及时

　　绩效管理工作其实很简单，从经营的角度出发，将与经营结果相关联的内容结合起来，确保考核者与被考核者就企业或部门的战略目标理解上达到一致，将绩效目标细化为可量化的标准或能理解的行为标准，按企业不同时间的导向进行权重分配即可。

第八章

以核心业务为导向的人才培养体系

对于人才的重要性，很多企业家都认知到了这一点。一些知名的企业如华为、中国平安保险（集团）股份有限公司（简称中国平安）、美的集团股份有限公司（简称美的）等大型企业都有自己的商学院或大学，我们接触到的年营业收入在 5 亿元左右的中小型企业也有很多纷纷建立了自己的企业商学院，或者建有培训中心或培训部门。可见对于人才培养的重要性，在我国企业家及高管们心中已达了共识。

构建好学习型的组织，在构建过程中培养人才。内部培养人才属于"造血"，外部招聘人才属于"输血"，"输血"和"造血"对企业可持续发展而言，应以自己"造血"为主导，这也是近年来大学与商学院会如春笋般发展的主因。

在人才培养的方面，大多数企业都设有自己专职的培训负责部门和团队，非常注重学习和团队成长，在学习的过程当中，什么才是有用的？企业的教育培训和大学的教育培训有着本质上的区别。企业的培训一定是"微量元素"补充，明确企业需要什么技能、需要什么底层逻辑、需要什么思维结构，那么企业就需要培训相关的知识体系。大学教育属于通识教育、全民教育、基础教育，这两者的教育体系和理念是完全不一样的。

因此，企业在做培训的时候，一定要围绕着企业经营绩效的角度，建立起服务于绩效提升的培养体系。即做的每一个动作都考虑到是否对经营业绩有帮助？对企业文化有没有影响？对企业战略达成有没有关联？至少要和其中一个问题是挂钩的。如果培训体系跟这三个问题都挂钩，那就是最好的培训体系；如果都不能挂钩的话，培训将毫无意义。

第一节　以结果为导向的人才培养

人才培养的最终目的在于为企业创造效益，只有围绕企业绩效这一核心点，建立起服务于绩效提升的培养体系，根据岗位职责和绩效要求开设针对性的培训，才能更好地发挥培训的效果，使培训成果真正转化为企业效益。

一、培训成果转化落地的八大方法

（一）制订转化计划

企业在进行培训成果转化落地之前，需要制订一个详细的转化计划。这个计划应该明确转化的目标、时间表、责任人及所需的资源，以确保转化的顺利进行。

（二）明确转化目标

在制订转化计划时，要明确转化的目标。这个目标应该是可衡量和可实现的，将培训成果转化为目标，对于评估培训成果转化更直观。同时，目标应该与组织的战略目标相一致，以确保转化成果能够为组织带来长期的价值。

（三）提供实践机会

为了帮助员工更好地应用所学知识，企业也需要为他们提供实践机会。可以通过安排实习、项目等方式实现，让员工在实际操作中巩固所学内容，提高实际操作能力，通过跨岗位的轮岗、见习等方式更好的帮助员工巩固所学知识。

（四）跟踪与反馈

建立跟踪与反馈机制，人力资源部必须对转化过程进行持续监控和调整。通过收集员工的反馈意见，了解他们在应用所学知识过程中遇到的问题，并及时提供支持和帮助。同时，通过对转化效果的评估，不断优化和改进转化方法。

（五）激励与认可

为了激发员工的学习积极性和参与度，需要建立激励与认可机制。对表现优秀的员工给予一定的奖励和表彰，以增强他们的自信心和成就感。同时，对取得的转化成果给予充分的肯定和认可，以鼓励更多的员工积极参与培训。

（六）持续学习与发展

培训成果的转化不是一次性的过程，而是一个持续学习和发展的过程。在转化过程中，需要不断总结经验教训，优化培训内容和教学方法，以提高转化的效果。同时，鼓励员工在工作中不断学习和提升自己的能力，以实现个人和组织的共同发展，可用"员工成长计划"进行跟踪，见表 8-1。

表 8-1 "员工成长计划"跟踪记录表

说　明						
1. 新员工转正时进行填写，正式员工在每年 6 月和 12 月进行填写						
2. 人力资源、部门负责人、员工直接上级、员工进行面谈沟通，提交该表至副总经理审核						
3. 按 100%（高价值）—60%（中价值）—20%（低价值）原则，重点关注高价值人才						
4. 为组织调整快速获取人才、建立人才梯队及接替计划、留住核心员工、作为员工调薪晋升降职等的依据						
基本信息						
入职时间		目前职位		直接上级		部门经理
教育经历	（含学历教育及培训经历）					
家庭情况	（家庭地址、家庭成员、家庭收入、家庭期望、成长经历）					
职务变化说明						
薪酬变动说明						
员工成长目标						
（包含职业目标、薪酬目标、家庭婚姻目标）						

续上表

企业评价情况					
岗位价值	高		中		低	
工作绩效	高		中		低	
工作态度	高		中		低	
稳定性	高		中		低	
岗位价值说明	（该员工在组织中主要工作内容、重要性、价值及替换成本）				
工作绩效说明	（该员工产生的工作质量、工作效率）				
工作态度说明	（工作责任心、学习能力）				
稳定性说明	（能在企业工作多少年、能否保持工作热情等）				
性格分析					
（内向、外向、沟通能力、管理能力）					
关键行为					
（该员工在这一阶段表现出的关键行为，如：好的行为、不好的行为、失败的工作任务、任务困难时的表现情况、调薪不成工作态度表现不佳等）					
人才预测					
（企业能给员工提供的机会和薪酬等，企业与个人的结合点）					
参与考核者签名：					

（七）建立沟通机制

建立良好的沟通机制，确保信息的顺畅传递和有效的协作。通过定期召开会议、交流心得等方式，让学员之间、学员与导师之间进行充分的交流和讨论，共同解决问题和分享经验。同时，保持与企业战略目标一致，及时转化成果和反馈问题，以便于人力资源部及相关部门负责人、导师能提供更好的支持和指导。

（八）优化培训内容

根据转化过程中收集的反馈意见和评估结果，不断优化和调整培训内容。删除过时和不适用的内容，增加新的知识和技能，以确保培训内容与组织的实际需求相匹配。同时，注重培训内容的系统性和连贯性，以提高学员的学习效果和转化成功率。

二、培训结果必须要结合工作进行复盘

企业的绩效提升来源于员工的绩效提升，员工培训的首要目的是提升员工的能力。通过将员工的能力转化为生产力，即业绩目标的达成，所以每一次培训之后需要对培训的知识点进行实践考核，且一定要在实践中发挥出应有的价值。因此，培训是从提升员工能力到提升企业业绩的思维开始的。

实例解析

我曾为河南某大型企业 100 多位中高层管理者进行过领导力的培训，培训后让每位学员都按照课程内容结合自己过去的实际工作经验，用 ORID（焦点呈现法）工具进行复盘，见表 8-2。

表 8-2 ORID 复盘工具

部门：药品业务部 职称：副总经理 姓名：单×   日期：20××年×月×日
请反思管理实践过程，将你已经在工作中实践过且效果还不错的事实与案例，以"ORID"的形式记录下来。

一、探索事实（objective）
1.案例背景（描述事件发生的时间、地点、技术条件、市场环境、人物，人群特点等体现事件典型性的背景条件） 地点：河南×××医药有限公司 人物：单×（本人），30岁，入职年限5年 背景：2018年6月，经企业研究决定，本人负责耗材业务部管理工作的同时，兼任综合办公室主任，负责综合办公室的日常管理工作。当时办公室日常行政管理工作较为烦琐，领导临时交办事务相对较多。岗位职权交错，职责设置模糊，工作分配混乱，工作效率较低
2.案例事件（对事件过程进行描述，对相关过程动作、措施、反应等的事件内容的记录） （1）原行政主管姚××的责任心、管理水平有待提高，缺乏工作思路和方法 （2）行政专员朱××负责日常事务较为烦琐，需用大量的时间和精力处理领导交办临时事务，工作不积极 （3）企业搬新园区后面临的接待日渐增多，行政人员数量有限，商务接待能力、沟通协调能力较低，企业领导极为不满，员工也很苦恼

续上表

3. 案例问题（提炼出案例意图体现和讨论的主要议题） （1）如何提高员工的积极性及解决问题的能力 （2）如何通过合理化分工提高工作效率 （3）如何提高综合办公室人员接待水平
二、反应（reflective）
采取行动（在事件过程中采取了哪些行动进行反应，因此得到好的结果） （1）通过对行政办公室日常工作的调研梳理，将综合办公室工作分为：总经办＋行政办＋接待办，重新组建团队，根据员工的性格特性，合理地分配工作。朱××负责总经办及高管事项、孔××负责行政管理工作及后勤保障、阮××负责接待相关事务 （2）有针对性地对各个不同的岗位制定出不同的管理方式，精分细化管理工作，制定标准化工作流程及各岗位人员工作职责 （3）加强对工作人员工作思想的培养，提高行政人员的服务意识。让员工对企业和工作具有认同感，能够积极主动地参与 （4）制定标准化接待流程，通过商务礼仪等相关培训，多次现场演练，提高行政人员的接待水平
三、反思（interpretive）
具体收获（在解决问题的过程中采取了哪些正确的思维、工具和方法） （1）精分细化行政管理工作，并实现行政工作的流程化 （2）通过 DISC 性格分析测试，合理匹配人员岗位 （3）通过培训学习和辅导演练，提高员工的接待能力和职业素养
四、决定（decisional）
下一步行动（如何将以上的收获，运用到工作中的其他领域） （1）合理运用资源和时机，加强对部门员工的能力培养，重视打造储备干部 （2）通过绩效管理，有效地激励员工的积极性，使员工主动自发地工作 （3）注重团队协作，提高工作效能，加强团队建设，提高团队凝聚力

在后续的跟踪辅导中，单总一点一点地调整自己的领导风格，将 ORID 复盘工具运用在自己的日常工作中，并时时提醒自我、校正自我，仅用了 9 个月把团队调整成为企业最具凝聚力、向心力、战斗力的团队，从一个经常被投诉的部门转变为企业最佳服务部门。行政服务部门是企业文化的塑造部门，通过单总的引导，给团队成员特别是新加入的同事带来了一种良好的企业文化氛围。员工们虽然干着普通的行政服务工作，却个个脸上都洋溢着幸福与快乐。

企业人才培养体系从人才的基础架构开始，它是需持续建设的体系基础，是实现企业学习与发展、能力及绩效、人才管理的前提，如图 8-1 所示。

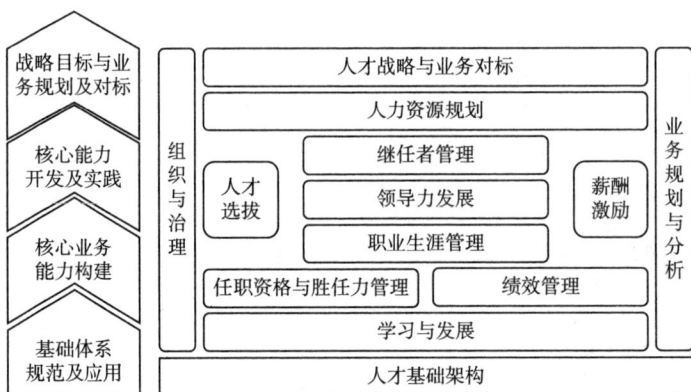

图 8-1　以结果为导向的人才培养全架构模型

该模型自上而下是企业战略业务和人才的对应，即企业战略性业务需要什么样的人才、人才从哪儿来？是企业家及高层需要思考的问题，这就是通常说的战略人力资源规划与管理的来源，人力资源的战略完全来源于业务的需求，业务需求不明确则人才战略规划无从做起。

人力资源规划的第一个要素是关键人才的继任者管理、领导力发展与职业生涯规划管理，其保障性的工作是人才的选拔与薪酬激励体系；第二个要素是任职资格与胜任力管理和人才的绩效管理工作，这一切的基础来源于人才持续的学习与发展。同时，将业务规划与分析和组织与治理要求相结合。

组织与治理架构是承接战略的核心方式，是保障业务有效性的基础。业务流程决定组织架构，业务要求决定人才能力要素。战略目标是统一、业务标准，企业现在的人才能不能满足企业的需要？现有的人才能不能确保企业战略的达成，这一点需要企业家去思考。即人才要跟业务对标，业务就可能完成，不能对标的业务基本不能完成。

人力资源规划是以战略目标是否能完成为起点的，过程关于人才培养两个要素：一个是基础的学习与发展，另一个是中高层接班的人培养即继任者的培养。人才基础的培养可能相对好理解些，也是大多数企业都能做到的，但对于继任者的培养，有部分企业虽然在做，但针对性少一些。

我之前在企业做人力资源时，要制订关键人才、后备人才的职业规划，是基于企业未来三至五年规划而做的。从大学生开始培养，三年左右80%升职到基层管理者，五年左右50%升职到小部门负责人或经理层。如企业发展迅速则可以每年都招一次管培生，如企业发展较平稳或较慢就间隔一年招一批，但一定要做到培养一批就要留下一批。我也遇到部分企业在管培生的培养方面，一年的培养期还没有到，招聘来的人就都走了，则说明企业在人才培养方面没有与其职业规划进行对应。直接的结果就是企业人才容易断层。人才培养的标准不能复制，企业就一直在摸索的道路上，而上不了管理的"高速公路"。

好的培养体系要将员工的职业生涯管理跟企业的发展高度关联，人才来到企业就不要轻易地离开，什么样的岗位要具备什么样的能力，如继任者的岗位出现空缺，企业有多少人才是从内部能够直接提拔的，是人才培训价值考核的一个重要维度。

我曾见过一家企业，人才与业务完成的关联不紧密。该企业是开招商会的，一年开三次，每次开完招商会就开一个总结会，接下来就制定目标。每一次的目标都非常的宏伟，至于是否能完成，好像谁都不关心。刚开完会大家都会很放松，等到需要筹备招商会前，大家就会紧张起来，因为成败决定了企业的生死存亡，就这样一直在"走钢丝"。这是人力的规划出了问题，人才战略和业务没有对标，业务不能跟人才相关联，没有做深度的对比。所以，战略制订出来之后，就要及时对人才进行盘点和梳理，两者进行一个对标，找到契合点。

最后，结合企业的内部人才和企业的外部人才进行对标，找到业务战略的平衡点，企业的人才就能留得住，才能确保业绩完成。

第二节　基于业务的人才培养

经营企业的本质是经营人才，经营人才的前提是培养人才。人才为企业的业务服务，管理者要从企业业务发展需要的角度对人才展开培养，即实践出真知。

一、从岗位说明书中提取培训体系

岗位在设定之时就已确定了其价值与使命，即确定了岗位的主要工作内容，以及这项工作内容需要达成的绩效标准是什么？因此，从岗位说明书中，可以找到岗位有价值的部分。

我们给某企业梳理了岗位说明书的部分内容，见表8-3。

表8-3　某企业岗位说明书的部分内容

核心工作职责和内容	工作衡量标准	制度流程
导师训练营的招生工作管理	质：有效课程达标率80% 量：35位／期	导师训练营招生管理制度
导师训练营会务统筹管理	按照会务标准流程顺利进行，无重大突发事件	导师训练营会务流程
根据市场需求及学员实际情况，制订微课制作计划	碎片化、趣味化、实用化	微课堂录制标准 微课堂录制协议书
微课堂视频录制及后期制作管理	每月制作不少于12时	微课堂录制标准
企业微片策划制作	实效性，满意度	微片制作流程
负责1+3梦工厂"一对一辅导班"及"精品系统班"的招生	每两期训练营（团队）招生人数不少于10人	导师1+3梦工厂推广方案
每周工作计划制订及执行监督管理	完成率	每周制订

从这份岗位说明书中可以知道该岗位的核心工作职责与工作产出的要求，如果该岗位的员工没有完成其工作职责或达到对应的工作标准，那就可以明确培训内容，哪方面不达标就需要针对性地开始培训。

岗位说明书一般也会包含基本的岗位任职资格和能力要求，见表8-4。

表8-4　某企业基本的岗位任职资格和能力要求

岗位任职资格					
性　　别	男 / 女	年　　龄	30 岁以上	资格水平	3 ～ 5 年同规模企业相关背景
A 知识	1. 本科学历 2. 销售、市场等相关专业学历或从业经验				
S 能力	1. 商业能力 2. 文书能力 3. 逻辑能力 4. 数学能力 5. 社交能力 6. 创造能力				
K 技术	1. 营销策划技巧　2. 销售管理技巧				
P 人格	1. 现实型 2. 调查型 3. 艺术型 4. 社会型 5. 企业型 6. 常规型				
岗位能力要求					
做得更好	1. 项目运作　2. 市场开发　3. 客户服务				
成为专家	1. 市场分析　2. 现代领导学　3. 非财务的财务管理				
顶替领导	1. 客户服务体系管理　2. 渠道建设与管理　3. 销售战略布局				

岗位任职资格是当下基本胜任岗位的要求，其中 A-S-K-P 四个维度进行对照，是员工保证岗位工作合格的前提条件。需要注意的是在人格这一栏，企业可以按照自己的理解或企业习惯性运用的人格分析工具进行标注，通常选择 2 ～ 3 项即可。知识是基本的要求，企业需要培训的是能力与技术层面的内容。

岗位能力要求就是对人才进行提升培训或为了让业务做得更好而需要的能力体系建设，这样做的主要目的是提升人才的综合能力与人才梯队建设的需要，以期达到企业的业务目标的完成。根据企业战略要求，将战略业绩目标分解。我发现部分中小企业没有明确制定出来，只是存在总经理的大脑当中，这是不够的，必须写出来并让全员知道。

例如，销售额 2 000 万元 / 月，2 000 万元不是随意决定的，要把它详细地分解出来。首先，要制订企业的销售模式：以省代为主、区代为主，还是以单店加盟为主？走直营模式还是走代理商模式？要不要开形象店？是走线上的还是走线下的？线上线下店的比例等；其次，制订具体到销售计划：人才应该具备什么能力？如战略理解能力，竞争对手分析能力，市场规划能力等。

一份岗位说明书能够清晰而精准地描述员工职责，以及这个岗位的工作衡量标准，将对应的制度流程写出来，发现岗位的盲点。在制定岗位说明书的时候，要让所有员工从岗位说明书当中理解岗位的职能及应该具备的能力。

二、从经营绩效中提取培训体系

企业的一切活动都应以经营目标的达成为导向，人才培养体系更是这样。例如，企业的经营目标中的"投资回报率"，可以将其分解为税前利润率：收入、毛利、费用、两金；资产周转率：应收周转率、应付周转率、存货周转率等，再转化为对应的绩效目标。具体分析指标见表8-5。

表8-5　投资回报率的分解指标

经营目标	关注焦点	经营指标	绩效目标
投资回报率	税前利润率	收　入	销售额
		毛　利	销售毛利
			政策性返点
		费　用	市场费用
			其他销售管理费用
			财务费用
		两　金	应收账款
			存　货
	资产周转率	应收周转率	销售账期管理
		应付周转率	供应商管理
		存货周转率	订货管理
			配货管理

每一项绩效目标对应一项或多项技能要求，技能要求就是我们设计培训体系的关键来源点，见表8-6。

表8-6　绩效目标对应的技能要求

绩效目标	技能要求
销售额	营销技巧
销售毛利	成本控制
政策性返点	政策法规
	营销策略
市场费用	市场策划
其他销售管理费用	

续上表

绩效目标	技能要求
财务费用	财务管理
应收账款	项目管理
	谈判技巧
存　货	库存管理
销售账期管理	财务管理
供应商管理	计划管理
	谈判技巧
	采购管理
订货管理	资材管理
	过程管理
配货管理	物流管理

　　再将各项绩效目标对应的技能要求进行合并，整体成为不同绩效目标共性的技能要求：营销技巧、财务管理（成本控制）、政策法规、营销策略、市场策划、谈判技巧、库存管理、供应商管理、采购管理、物流管理。我们的课程开发体系应围绕着一系列的技能要求展开。

　　我之前在东莞某集团教育训练中心当科长的时候，领导曾对说我："红发，你在策划培训项目时，一定要思考三个问题：第一，策划这个项目对企业的经营结果有什么促进作用；第二，与业务模块有什么直接关联（有生产和营销两个主业），对生产体系或者营销体系有什么影响；第三，从软性管理的角度看，工作流程有没有优化、管理是否更便捷。如果不能从这三个维度去匹配，那么这个项目就别推。"培训不是赶时髦，不是别人觉得要做什么我们也跟着做什么，而是要清晰地知道自己企业的培训规划思路一定是来源于岗位职能职责和经营绩效。

第三节　"四纵四横"的人才培养体系建设

　　企业人才的培训体系，我们可以按先纵后横的思维进行，纵向（共性）：分析不同职级人员共同存在的特征而开展的培训；横向（专业）：分析不同职能部门专业技能的特征开展的培训。一横一纵，将整个培养体系搭建成功。纵向的即总监级别、经理级别、主管级别及一线员工要学的有共性的课程。横向的即人力、研发、生产、销售每一个模块，员工应学习的内容。

一、"四纵四横"的人才体系介绍

何为"四纵四横"的人才培养体系，是指对每个层级每个岗位进行评价分析，将每个层级由低至高分为具备能力、做得更好、成为专家和职能提升（传授他人、顶替领导）四个层次，将每个岗位的技能应用要求由低至高分成基础能力、核心技能、战略管理和晋升条件，构建二维关键技能表，将岗位技能配对，形成岗位技能指标，如图8-2所示。

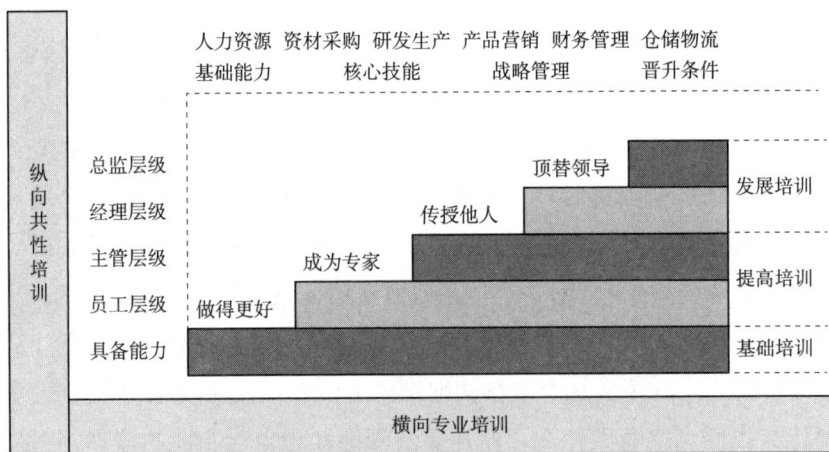

图8-2　二维关键技能图

从员工层级、主管层级、经理层级看、总监层级看，每个层级均按照具备能力、做得更好、成为专家、职能提升"四纵向"进行规划，同时按基础能力、核心技能、战略管理、晋升条件"四横向"进行规划，我们做出了企业某一岗位的"四纵四横"的课程规划，见表8-7。

表 8-7　某一岗位的"四纵四横"的课程规划表

能力维度		基础能力	核心技能	战略管理	职能提升
总监层级	职能提升				●
	成为专家			●	
	做得更好		●		
	具备能力	●			
经理层级	职能提升				●
	成为专家			●	
	做得更好		●		
	具备能力	●			
主管层级	职能提升				●
	成为专家			●	
	做得更好		●		
	具备能力	●			
员工层级	职能提升				●
	成为专家			●	
	做得更好		●		
	具备能力	●			

下面我们以某企业的销售部门人员关键技能为例，进行"四纵四横"的课程规划，具体见表 8-8。

表 8-8　销售部门人员关键技能"四纵四横"的课程规划表

能力维度		基础能力	核心技能	战略管理	职能提升
总监层级	职能提升				压力管理、企业文化建设
	成为专家			组织管理、全面统筹管理	
	做得更好		教练技术、人力管理、财务管理、目标市场定位		
	具备能力	体系管理、销售战略策划			

续上表

能力维度		基础能力	核心技能	战略管理	职能提升
经理层级	职能提升				创新能力、客户服务体系管理、渠道建设与管理
	成为专家			团队激励、执行能力、市场分析	
	做得更好		分析问题与解决、市场开发		
	具备能力	流程再造、制度建设、销售计划制订			
主管层级	职能提升				谈判技巧、销售渠道开发
	成为专家			解决问题、沟通技巧、销售分析	
	做得更好		冲突技巧、销售分配		
	具备能力	团队建设、销售计划制订			
员工层级	职能提升				自我管理、目标设置、客户心理分析
	成为专家			人际沟通、工作内容创新、客户行为观察	
	做得更好		计划能力、时间管理、发现问题、产品知识		
	具备能力	职场心态/习惯、销售技巧			

　　培养人才并不只是人力资源部或者培训部的事情，而是每一级管理层及技术人才都需要去做的事情。特别是对技术方面的细微差异，更是人力资源部所不能把握的，各层级之间的差异比人力资源部更清楚的是用人部门负责人或技术负责人。唯有全员参与，才能更好地贴近业务需求做好人才培养体系。

培养人才一定要做到分层分级，例如：职场上通用的一个课程"非人力资源从业者的人力资源管理"，对于不同层次的学员其学习的侧重点就会明显不同。如果文职助理为学习对象，主要内容为基本的法律法规、面试邀约技巧、员工的基本心理疏导、员工日常关怀；如果主管为学习对象，主要内容为基本的招聘流程、常规的面试技巧、培养技巧、员工心理辅导、岗位专业培训技巧；如果部门经理为学习对象，重点在于用人技巧、目标管理、绩效管理与激励及教练技术；如学习对象为总监级别，则重点为企业文化的塑造、高层次人才识别技巧。同样一个课程，不同层级的管理者，不同层级的员工学习的维度和要求就不一样，这就是对于纵向人才培养体系开发的要点。

实例解析

国家电网有限公司对于人才的培养体系就做得非常的系统性，特别是对技术人才的培养提升和企业战略层面上出台了一系列专业文件。

现已经建立起国家级、国家电网企业级、省企业级、地市企业级人才队伍建设体系，从制度政策上逐一明确，完善为通用的人才培训制度体系。各省企业、地市企业再结合自己的实际情况，进行本企业的人才体系进行针对性的培养。对于各级人才提升专业的学习，同时在荣誉、精神、物质等方面给予全方位的待遇，提升人才的价值感。人才培训制度体系见表8-9。

表8-9　人才培训制度体系

级　别	专家人才名称	定　位	培养目标	选拔方式	人才类别
电力企业级	科技领军人才	院士后备人选	两院院士	评选	管理、技术
	专业领军人才	企业各专业带头人	科技领军人才、某一专业权威专家、各类国家级人才	考试＋培训＋培养＋考核	管理、技术
	优秀专家人才	各专业领域专家	企业专业领军人才、各类国家级人才	业绩评价＋考试考核	管理、技术、技能
	优秀专家人才后备	企业每年新入员工中的优秀人才	企业优秀专家人才	考试＋培训＋培养＋考核	

续上表

级　　别	专家人才名称	定　　位	培养目标	选拔方式	人才类别
省企业级	专业领军人才	省企业各专业的带头人	企业专业领军人才	考试+培训+培养+考核	管理、技术
	优秀专家人才	省企业各专业领域专家	企业优秀专家人才、省企业专业领军人才	业绩评价+考试考核	管理、技术、技能
	优秀专家人才后备	省企业每年新入员工中的优秀人才	省企业优秀专家人才	考试+培训+培养+考核	
地市企业级	优秀专家人才	地市企业各专业领域专家	省企业优秀专家人才	业绩评价+考试考核	管理、技术、技能
	优秀专家人才后备	地市企业每年新入员工中的优秀人才	地市企业优秀专家人才	考试+培训+培养+考核	

二、人才培养中的领导力发展技巧

基于业务导向的人才培训体系中最重要的一点就是领导力，无论是管理者还是技术人才，都需要进行领导力的修炼与提升。下面我们用领导力提升模型来进行讲解，如图 8-3 所示。

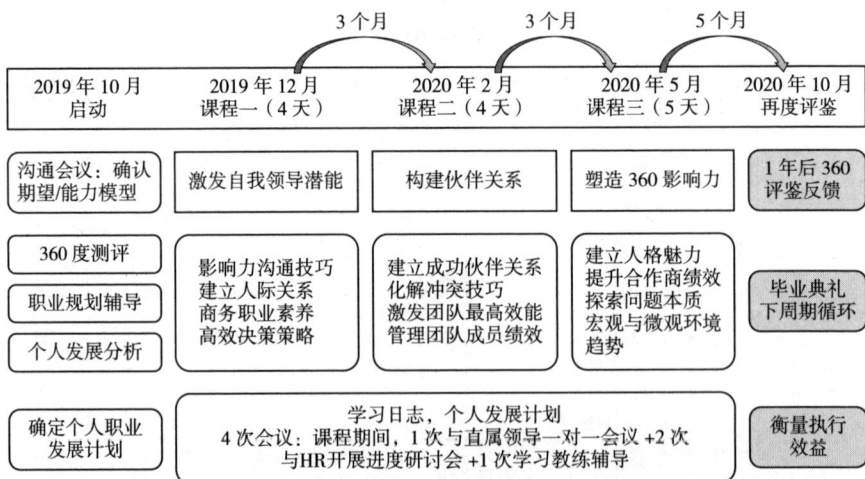

图 8-3　领导力提升模型

从这个模型中，我们首先需要在启动会上确认这次领导力培养的期望与对标的能力模型，即图中的三个关键维度：激发自我领导潜能、构建伙伴关系、塑造 360 影响力，这便是我们本次培训的期望，也是对这批学员的能力模型的建模。

接下来需要做的工作是选择部门入模同事，可以由部门负责人推荐也可以是员工自我推荐，对推荐来的学员，项目实施小组需要与员工进行一对一的沟通，包括 360 度测评、职业规划辅导、个人发展分析，对进行总结后符合要求的人才，一一确定其个人职业发展计划。

按三个关键维度进行三期面授课程学习，每期进行有针对性的学习，并要进行一对一的辅导。每期集中面授后间隔三个月，这三个月主要是将所获知识运用到日常的工作中进行实践与检验。每期课程后都严格开展 4 次会议，即课后与直属领导进行一对一的实战运用与检视；与 HR 进行两次运用的进度研讨会，便于人力资源部门接下来的课程跟进与调整工作；请班主任或直接领导做一次针对性的教练技术辅导，确保课程在实际工作中的有效落地。

以上推荐的对应课程中，"课程一"可以激发自我领导潜能，主要体现在：影响力沟通技巧、建立人际关系、商务职业素养、高效决策策略；"课程二"有利于构建伙伴关系，主要体现在：建立成功伙伴关系、化解冲突技巧、激发团队最高效能、管理团队成员绩效；"课程三"有助于塑造 360 影响力，主要体现在：建立人格魅力、提升合作商绩效、探索问题本质、宏观与微观环境趋势把握等。

从整个课程看来，这是一个高级经理人所需要的胜任力体系的课程，我们在制定企业的领导力或其他的课程体系时，可根据企业的特点及需要培养的人才的现有能力素质进行设计，这样人才培养体系就可以很好地贴近业务，解决业务需求，从而提升企业的经营能力。

第九章

激发人才内驱力的激励体系

人才为什么需要被激励？在思考此问题之前可以先思考：企业的人才在什么时候最有成就感，工作起来最积极、最主动，又在什么情况下没有太大动力？或者说在企业里面做了哪些事情能够感到被尊重，觉得有存在感？人在工作中奉献自我的感觉，是一种自我内驱的需求，如果人长时间不步入职场，就会容易与社会脱节，一旦与社会脱节之后，就会产生一种孤独的感觉。

第一节　人才被激励的四个需求

人才需要工作的本质需求是什么？即通过职业的价值贡献，找到自己被需要的感觉、存在的意义、想获得的成就和工作的价值。

一、找感觉

人是活在感觉当中的，感觉来源于气场和氛围的营造。在企业里面，如果管理者们每天都板着脸，虽然很有威严，但是会出现团队与管理者距离感很远的现象。员工带着恐惧和压力在企业里工作，效率是不可能高的。很多员工来到企业工作，不仅仅只是为了一份工作，一份收入，他更需要的是一种被认可和被需要的感觉。

举个例子，我之前工作的企业里，董事长会随时地走出来问候一下同事，或者开一个比较放松、文雅的玩笑，特别是他偶尔会提起某同事几天前做什么动作，觉得很有意思或很有创意，员工的一个小动作被关注，他在这里能够找到一种成就感，一种存在感。

例如，在同一家企业，为什么有的部门离职率高，而有的部门离职率低？其实就是这两个部门的文化不一样。仔细分析就会发现：离职率高的部门管理者，对员工的关心度、关怀度都相对偏弱；而离职率低的部门管理者，他们对员工的关心度、关注度非常高。如果一个管理者长期不关注员工，他会觉得没有存在感，不能融入团队，很难全力以赴地工作。常说身在曹营心在汉，虽然员工身在这个企业，但是随时有可能离开，所以管理者关注员工的感觉是激励员工的第一个要素。

二、找意义

找人生的意义。在《钢铁是怎样炼成的》一书中提到，人最宝贵的是生命，生命对人来说只有一次。人的一生应当这样度过：当他回首往事时，不会因为碌碌无为，虚度年华而悔恨，也不会因为为人卑劣，生活庸俗而愧疚，这是人生的意义在寻找的过程。

在企业里，管理者要帮助员工找到他们人生的意义。我曾经有一个同事，她工作非常认真，简单的工作都能做到尽善尽美，但稍微有点难度的事情就会退缩，只要有钱就会出去旅游或者是放松，在她看来一切的奋斗都是毫无意义的，人生需要珍惜当下。我尝试与她分享我的看法：确实，珍惜当下、享受生活无可厚非，但个人的成长与进步同样值得重视。人生意义的追寻是多样化的，它不在于外界的标准，而在于我们内心的满足和成长。每个人对于幸福的定义和成功的标准都是独一无二的。通过不断挑战自我、克服困难，我们不仅能拓宽视野、提升自我，还能在未来的某个时刻，当回首往事时，为自己曾经的勇气和努力感到自豪。重要的是找到一种平衡，既能享受生活的乐趣，又能不断追求个人的成长与提升，这样的人生才是充满意义且值得回味的。

三、找成就

管理者不能仅仅表扬员工，还要告诉他做对了什么事情，为企业创造了多少价值。员工觉得自己对企业是有价值的，就有了存在感和成就感，这个时候我们发现员工对企业有了情感，那么离职率就是低的。所以，很多企业离职率高，其实是对员工被激励的需求没有想明白。过分地强调员工要的就是薪资，薪资是一方面，更重要的是思考整个企业对人才的激励有没有做到位，不同的员工需求点是不一样的。

有一个事实：即使是高薪的企业也有人才离职，而低薪的企业却有大量的人才。为什么？就是因为人才对企业有一种认同感、尊重感和归属感。

四、找价值

当管理者能在繁忙中依然记得，不论是半个月前、一个月前，还是更久之前，某位员工所做出的有价值的贡献，那么这个员工便能深刻感受到一种强烈的价值感，觉得管理者关注了自己在企业的贡献。也许员工整体收入并不是太高，但是他在这里能够找到一种人生的价值。因此，各位企业家朋友们要学会去鼓励你的团队、认可你的团队，让团队成员在企业找到一种价值感，让团队知道工作的实际意义是什么。

所以在谈激励和留人方面，第一个要素就是要找到员工需求的本质。先秦的《六韬引谚》中出现这样一句话："天下熙熙，皆为利来；天下攘攘，皆为利往。"也就是我们常说的：欲将取之，必先予之。在团队当中，想让员工为你创造价值，收获员工的剩余劳动价值，需要把他真正的需求想明白了，先给予员工想要的，这个时候再去取，也许会得到更多。

一家企业高层的需求、中层的需求和基层的需求，三个层面的需求如果是统一的，那么这个团队一定是很有战斗力的。如果高层、中层和基层每个层级都想得不一样，那么这个企业一定就是一盘散沙。如果说企业没有组织力、没有战斗力、没有凝聚力、没有向心力，就如同"同床异梦"一样。其实，这一切都是围绕着一个字"利"。

在谈激励的本质时，其实是在研讨企业的价值观。我之前在给一家企业做顾问的时候，与企业家研讨过一个话题：到底是大河有水小河满，还是小河有水大河满？不同的企业，不同的管理层认知不一样。一种认为大河有水小河满，俗话说，皮之不存，毛将焉附。意思就是说先有大河才有小河，大河满了，小河才有水，将大河放于高位。企业应该先赚钱，分子公司及员工后赚钱。另一种认为小河有水大河满。每条小河都有水后自然流向大河，将大河放在低位。企业只有把自己放在比较低的位置，才不容易失去员工。

要想让企业长远发展，并形成核心竞争力，应先予后取：让每个员工、每个代理商、每个分子公司，也就是每条小河流先赚钱，大河才能赚更多的钱。比如，每条河流赚 100 元利润，他分得 90 元，企业分得 10 元。那么 1 万条河流，每条河流仍只赚 90 元，而因为有 1 万条河流，那么企业就是 10 万元。

为什么有的企业能够一声令下就能上下齐动、全力以赴，而有的企业一声令下却无动于衷，大家在会议上信誓旦旦，回到办公室工作岗位就偃旗息鼓、毫无斗志。其实就是高层、中层、基层的需求本质出现了差异。

实例解析

我曾经辅导过一家小型的研产销一体的企业，初次到该企业时，总经理召集所有的管理层，并请了一个上市公司的营销副总经理一起做交流。在交流的过程中，我问了他们企业的一些关键数据：企业的年销售额、年回款额、企业总人数、非生产人员与生产人员结构比、非生产人员与直接生产人员工资比、生产部管理层与生产工人工资比、产品直通率、产品定价原则、业务员薪酬组成及提成比例等，了解企业状况后，我现场给了结论：企业结构不合理，运营成本过高，企业应处于亏损状态。

通过其财务报表分析，企业年营业额约 4 000 万元。120 多人的企业，利润只有 5% 左右，企业辛辛苦苦经营一年，却给房东打了工。企业处于亏损状态，其抗风险能力极其弱。

我在辅导过程中重点进行了流程优化、人员结构调整、提升产品直通率、加强人才激励。2017 年，企业管理层各部门经理的年薪在 10 ～ 15 万 / 年，企业位置不在市中心，薪酬水平也没有太大的吸引力。与管理层达成共识后，企业 2018 年的目标是盈亏平衡。超出的利润部分四六分，即企业分四层,员工分六层。

2017年10月开始每月模拟开经营分析检视会,2018年正式执行,每季度开一次,由财务部门主导。刚开始两个月,大部分人的积极性并不高,慢慢地通过提升产品直通率看到希望,他们也能算到可分配的利润,于是积极性高了起来。我也组织他们从12月开始,摸底年底回家后开春人员流失的情况,并给予组长一定的任务指标。2018年开工时,生产人员全部到位,首次出现全员到岗开工即能全运作的车间盛况。2018年第一季核算时,首次出现春季不亏损的现象,这给了管理层极大的信心,要求将季度经营分析会还是改为月度,这样可以更好地对管理指标进行调控。

2018年,企业扭亏为盈,实现净利润500多万元,按约定员工分300万元。部门经理层7位人均约15万元,8位营销人员人均约8万元,班组长5位人均约4万元,一线员工平均约9 000元,这样全面激发全员的动力。

企业赚钱了,懂得及时与员工分享,员工的动力就会被充分地激发出来,将自己的前途与企业捆绑在一起。因此,想要激励员工,我们首先要找到员工的兴趣点、关注点,明确如何激发员工的动力,即找到了激励的源泉。

第二节　人才激励的原理分析

人才通过某种刺激找到自己的需求点,从内心深处萌发出动机,演化为行为,当这个需求被满足之后,就会有更高层次的新需求。激励原理如图9-1所示。

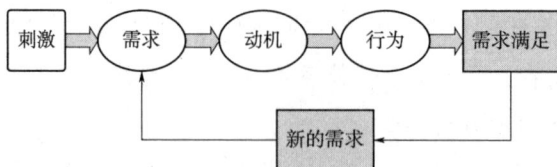

图9-1　激励原理图

以资奖励是一种好的激励途径,但却也不全是。比如,那些本身就家境富裕的员工,激励点在哪里? 他们需要的是一种认同感、一种融入感和自我价值感，不与社会脱节；而普通员工需要一种尊重感、一种成就感和社会需求感。

一、激励的三个层面

（一）精神层

我曾经为一家企业做改制服务，有位 72 岁退休返聘回来的机修老员工，他是 17 岁从中专毕业分配来到该企业，而且机修是靠经验摸索出来的，机电一体化专业的大学生的专业技术都不如他。那么 72 岁老爷子要的是什么呢？钱对他已经没有意义了。他儿子硕士毕业在 500 强企业任高管，孙子在国外工作，他的退休工资也不低，我明白这种人群的激励不能用金钱。他要尊重，那就把他当亲爷爷一样对待，我从不喊他邝师傅，也不喊他邝爷爷，是直接叫他爷爷，他特别开心，也待我如亲孙子。

再举个生活中的例子，有的退休老年人觉得日子没有意义，那怎么办？他们没有了生活的动力，可能就会比较消极，这个时候如何去激励他们？退休的老人的主要动力就是亲情，特别是孙子辈的成就，如孙子出生、读书、考大学、考研、出国留学、创业成就等，不断地用亲情来作为激励，给他们一个又一个的期望，这时生活的动力就会被激发出来。

（二）物质层

2020 年，我到东莞黄江镇做工业模具的某企业调研，发现该企业近几年来能够持续的保证 40% 的业绩增长。客观环境不利期间也没有任何影响，总经理陈总说："我一直是按照你之前给我们设计的小组织的模式，目前分了七个小事业部，每个小事业部设 1 位经理，1 位副经理，2 位业务员，最多就40 名员工，每个小事业部从销售、生产、采购、成本管控、人员管控方面全面负责。技术、财务、人力资源部等综合部门对他们提供技术支持和管理规范，各个事业部自负盈亏。新招进来的部门经理前两年有工资，第三年就没有工资了，工资就要从部门利润中出，想拿到高工资，那就靠自己去奋斗。"

该企业能够保证每年 40% 的业绩增长，有 4 位事业部负责人在企业工作了 22 年，连续五年部门的盈利在 50% 以上，这样优秀的人才除了享有本部门的利润之外，还会参与到体系利润分红中来。该企业管理层的综合收入在方圆 10 公里内的企业中算是最好的。

（三）制度层

制度就如天桥的防护栏，就算用不着也必须建立，以免发生意外。《商君书》中写道："凡将立国，制度不可不察也，治法不可不慎也，国务不可不谨也，事本不可不抟也。制度时，则国俗可化而民从制；治法明，则官无邪；国务壹，则民应用；事本抟，则民喜农而乐战"。

汉语中"制"有节制、限制的意思，"度"有尺度、标准的意思，这两个字结合起来，表明制度是节制人们行为的尺度。《现代汉语词典》的解释是："要求大家共同遵守的办事规程或行动准则。"

人心不足蛇吞象。人之欲，必须要以制度进行规范，将权力关进"笼子"，能起到合理激励与约束作用，否则激励就犹如脱缰的野马。

二、激励深层次分析

每个年代都有其时代的特殊烙印，目前的职场人群主要是 60 年代、70 年代、80 年代、90 年代、00 年代，这五个时代的人为主导，其中又以 70 年代、80 年代、90 年代人才为核心力量在创造财富。不同的年代人才的需求点是不相同的，总结可以发现同一年代的人有共性，大致分析如下。

60 年代的人，是很有责任感的，那个时候物资匮乏，正在从贫穷到温饱的转移阶段，这一代人很在乎直接收益。

70 年代的人，属于企业的管理人员居多，他们注重权威和权利，因为也经历过艰苦的生活。

80 年代的人，属于改革开放下成长的一代，所以一出生就赶上了改革开放的红利。可能会随着父母北上南下，他们是比较随性的，但是也到了一定的年纪，很注重自尊和被尊重。

90 年代的人，在计划生育下成长的一代，独生子女居多，被父母所宠爱。加上改革开放已过了十多年，整个物质基础已经从温饱过渡到小康阶段，所以他们会相对比较注重自我感受。

00 年代的人，在互联网时代下成长，物质十分丰富，几代人的爱都倾注于一身，他们的眼界宽广，也是最具创新力的一代。

三、做好激励的12个诉求点

在企业管理的研究过程中，我们发现每一家高效的企业，都是激励到位的企业，企业"上下同欲"度也非常高（欲，即最关注的、最迫切需要的）。什么是上下同欲，即企业的总经理、管理层、员工在共同的追求上力争做到：目标一致，利益共享。在求同存异的职场上，管理层要尽可能地先挖掘出员工的需求点，在企业层面能达成的前提下，有针对性地激发出员工的动力。

人在不同的阶段需求点会有所不同。综合而言，员工的需求点基本可以分为十二个方面：①现金收入、②企业福利、③职务晋升、④培训机会、⑤企业名声、⑥受到尊重、⑦个人兴趣、⑧社会地位、⑨工作稳定、⑩自主性、⑪休闲娱乐、⑫同事关系。

对于这十二项需求点，有些在企业的发展过程中已然沉淀了；而有些需求点，甚至企业总经理也无法一时改变。那么，在招聘的时候就应该有针对性地筛选与企业价值观相符的人才。这样企业未来的管理成本会相对减少，也更利于提升企业的执行力。正如《孙子兵法》中提道："上下同欲者胜"，在选人之时就尽可能地知其"欲"，这样则能更好地做到"同欲"。而对于那些企业尚未沉淀下来的需求点，是企业总经理、管理层需要思考的。那么，管理层就应有针对性地来引导员工动力源泉，合理的引爆员工的动力。

实例解析

某店铺要做全场 5 折的大型促销活动。对于这个品牌来讲，这么大力度的促销活动还是第一次，所以，促销活动的第一天，进店率一定会远远高于以往。于是，该店铺负责人期望当天能完成 8 万元销售额（此店开业半年，最高日销售额 7 万元左右）。目标有了，怎么实现呢？

当天，店铺负责人亲自主持了晨会，并询问每个人的销售目标。然而，当班 14 名员工的目标累计起来还不到 6 万元。于是，负责人做出了第一个激励措施：个人指标排名第一且完成目标的，当天直接奖励现金 1 000 元。

于是，这些员工就像拍卖行里竞价一样，开始努力提高自己的销售额。一位导购干脆说："你们任何人加价，我都比你高 200 元。"就这样，她一直把自己的目标加到了 1.1 万元，而店铺的总目标也达到了 10.26 万元。1.1 万元和 10.26 万元都是非常大的挑战，要想完成目标是有难度的。于是接着负责人又说："凡是完成个人目标的，每人奖励 200 元，完成当天总目标，每人再奖 200 元。"

店长对各个员工进行了分工：1 个收银，2 个平常销售较差的取消销售，专门为其他员工服务，店长则负责整体指挥与协调。最终，有 4 人完成了当天的个人目标，也达到了店铺总目标，并且把这一目标保持了一年。

在谈激励之前，先要找到员工的兴趣点、关注点，只有找到了他们的需求，才能找到激励的源泉。在掌握了员工的动力之后，企业的激励基本能达到80%。但是，激励要么是 100%，要么是 0，而很多时候99% = 0。也就是说，找到了员工的动力源泉之后，激励并不能完全达到高效的管理效果，即仍不能达到 100% 的激励。那还缺什么呢？

能力，没有能力，动力归零，甚至是负数。在职场上能将事情做到的前提就是需要有能力。那么能力又怎样来衡量呢？我们可以重点关注十个方面：专业、经验、总结能力、表达能力、激情、协调能力、战略眼光、逆境商数、身体素质、阳光心态。

做事情，不能停留在"做了"的层面，也不能停留在"做到了"的层面，而是强调将事情一次性就"做好了，做到位了"的完美层面。重点在一次性做好，强调的是结果的优化。做是过程，而不是结果，想要将事情做好，那就需要有相应的能力。

四、激励动力源的分类

1. 注重现金收入、企业福利、企业名声。在经济欠发达的地区，员工更注重企业现金收入高不高、福利和名声好不好。

比如，2016 年，我到某县城给一个企业讲课，当时员工的工资只有 2 200 元 / 月，到手约 1 900 元 / 月，相当的低了。可是想要进这家企业却并不容易，员工以本地人为主，基本上都是名牌大学毕业。为什么 2 200 元 / 月工资大家愿意进去？很简单，就是因为该企业收入稳定、福利很好、名声也不错，还是"铁饭碗"，家长们一听说谁的子女在这家企业工作，会投来一种羡慕的眼光。

2. 注重社会地位、需要被尊重感、工作相对稳定。有一定的职位，员工在企业是中高层，40 ～ 50 岁之间，大多数处于职业的巅峰期。

3. 注重培训机会、同事关系、职务晋升。80 年代人才很关注这点，他们普遍上有老、下有小，房贷、车贷的压力很大，既是职场中的主将，也是家里经济的主梁。其生活压力大，渴望晋升所以非常注重培训与内外部学习的机会。

4. 注重个人兴趣、自主性、娱乐性，这样的人很注重娱乐性。不需要管理太多，他们很注重个人兴趣发挥。如果想要激励这样一个员工，只需要给他们方向即可，让他们充分地发挥自我。

当我们需要激励一位员工的时候，需要先了解其内在的需求点，将他的需求点与企业当下能满足的需求点相匹配，如果匹配度能够达到 60% 以上，那么这个员工来到企业，就能很好地激励他，甚至于企业不用去激励都能让员工"自然"起来奋斗。

所以要明确企业能给员工什么，在面试招人的过程当中，就把企业能给的东西亮出来，把员工的需求点挖掘出来，两者进行匹配。

第三节　马斯洛层次需求的新解

马斯洛层次需求常规而言，从生理需求、安全需求、归属需求、尊重需求、自我实现需求依次递进，只有满足了低层次的需求，员工才会追求更高层次的需求，如图 9-2 所示。而随着社会的发展，人类精神追求变得更加多样化，员工不在同环境与场景下的内在需求会产生根本性的变化。

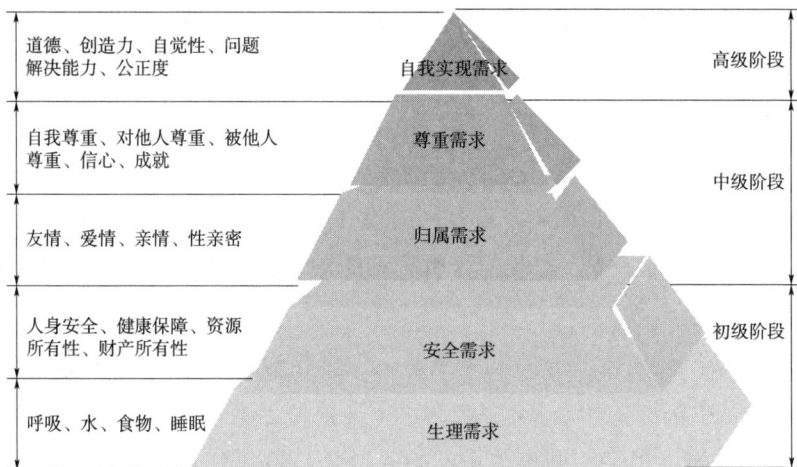

图 9-2 马斯洛层次需求图

一、马斯洛层次需求的常规分析

第一层次叫生理需求，如吃饭、喝水等最基本的需求；第二层次叫安全需求，在工作环境、住宿环境，需要有基本的保障。温饱水平是为了满足生存，这也是初级阶段的需求。

第三层次需求叫归属需求，员工需要情感的关怀，如友情、爱情等；第四层次叫尊重需求，比如前面说的 72 岁的机修老爷子，他要的是尊重，虽然学历不高，创造的价值也有限，但他的工作能力是不可或缺的。他在家待着也可以，但是他出来工作可以获得一种社会尊重感，这叫小康水平状态，也就是中级阶段。

第五层次是自我实现需求，在富裕状态下强调一种成就。对于管理层、高级知识分子、技术人员，他想要超越自我，所以很多高层管理者晋升到一定程度后不看重工资，而是看重情怀。企业家做到一定程度之后，他们就会捐款给受苦受难的人民，把自己的财富主动地以匿名的方式去捐出去，达到心灵上的成就。

在不同的阶段，我们用不同的激励原理，传统的管理是需求的逐级超越。激励员工的时候我们需要明白，人的需求层次并不完全与身份层次一致。例如，部分中小企业家为员工谋得福利，已然实现了财富自由，也得到了员工的尊重与爱戴，但由于其领导力的不足，在企业经营方面时常感到迷茫、没有安全感，这时他们的需求是提升自己解决问题的能力。

通过不同的层次理论需求，了解员工的内在动力是什么。例如生理的需求，一般员工的需求是薪水中等偏上，并有着健康的工作环境。

实例解析

我辅导的一家电子产品企业，员工离职率很高，帮该企业分析离职原因时，发现入职前15天离职率竟达到60%，后来对15天之内离职员工进行调研，发现离职率高的原因有三点：第一，工作环境太吵、机器声音太大；第二，车间太热；第三，住宿环境差。这是导致离职率高的最核心的三个要素，那能不能改善呢？改善成本有多高呢？

首先，车间的主要机器能不能加消音器？能，大概2万元。其次，太热怎么办？在整个车间已经装载水帘空调，其中两个电镀车间是高温环境，那能不能安装个局部降温的出风口呢？能，成本大概6 000元。最后，改善住宿环境不需要加成本，但需要加强管理。后来企业花了两三万元，全部进行了整改，离职率大大降低了，所以基层员工对于健康的工作环境有着极大的需求。

人处于不同层次，在管理方面的措施也会不尽相同，其措施也有所调整，见表9-1。

表9-1 不同层次的管理措施

需求的层次	诱因（追求的目标）	管理制度与措施
1. 生理需求	薪水、健康的工作环境、各种福利	身体保健（医疗设备）、工作时间（休息）、住宅设施、福利设备
2. 安全需求	职位的保障、意外的防止	雇佣保证、退休金制度、健康保险制度、意外保险制度
3. 社交需求	友谊（良好的人际关系）、团体的接纳、与组织的一致性	协调制度、利润分配计划、团体活动制度、互助金制度、娱乐制度、教育训练计划
4. 尊重需求	地位、名分、权利、责任、与他人薪水之相对高低	人事考核制度、晋升制度、表彰制度、奖金制度、选拔进修制度、委员会参与制度
5. 自我实现需求	能发展个人特长的组织环境、具有挑战性的工作	决策参与制度、提案制度、研究发展计划、劳资会议制度

看一家企业的氛围，可以从两个方面观察：第一，有没有"扯皮"和吵架现象；第二，老员工（三年以上的员工）最亲密的朋友是不是本企业的同事，如果老员工在企业没有知心朋友，那就说明企业内社交需求没有做到位，没有形成一个良好的内部文化氛围机制。

我在给企业做顾问时，建议企业家们要关心员工内部知心朋友的建立，员工在企业三年以上，一定要找到 1 ~ 2 个知心朋友，企业要有意识地去引导这种氛围。

实例解析

有时激励员工有必要给员工一定的名分。某家教育机构是华南地区总裁教育培训做得最好的，带班老师对每一个学员都给予高度的尊重，机构最大优势就是班主任服务态度好，通过服务让学员感动，然后介绍其他学员过来学习。很多学员会问他们的带班老师："老师您这么勤奋，又积极主动，在企业一定有股份吧？"

由于班主任服务的都是企业总经理与高管，带班老师第一次听到有企业家学员问这话的时候，她很感动、很激动，认为自己的服务终于得到企业家学员的认可。当第二位企业家说："老师您这么辛苦的工作，在企业有多少股份？"她也还是有成就感的。但第三位、第四位、第五位……企业家说这句话的时候，她会怎么想？

当第一位企业家问的时候，她是积极兴奋得睡不着觉，到第五位第六位问的时候，她开始反思企业的制度，自己既没有地位，也不是合伙人，更会因不是股东而心生不满。她想到的是为什么企业家学员都能想到，教育机构领导却没有而感到失落。此时她会觉得自己的付出在企业总经理心目中没有地位，动力源也随之下降。这时，她的需求是在教育机构里的地位和股份。

实例解析

2020 年初，媒体报道某生物科技集团股份有限公司为 20 位普通保洁员、保安、司机配股，让这些看来很替代性很强的岗位，年薪达到 30 ~ 50

万元人民币。52 岁的保洁阿姨拥有 10 000 股期权，2020 年解禁 4 000 股，5 月 7 日可行权，行权价为 44.02 元，按照 5 月 8 日收盘股价 117.35 元计算，行权后可获得 29 万元收益。所持有剩下的 6 000 股期权将于明年、后年解禁，届时只要她仍在企业任职，且企业满足相关考核目标，即可由企业配股、行权卖出，又将有一大笔收益。

常规来说，股权只给高层，这位阿姨获得的尊重、名分和地位与普通的清洁工不一样。比如《海底捞你学不会》一书中也多次写到最普通的岗位——保洁阿姨是如何工作的。他们不仅仅只当保洁是份工作，而是获取社会价值和认同感的来源。

二、马斯洛层次需求的变量分析

在一定时期，人的行为是由当下主导需求所决定的，可能产生阶段性的变化。从实际社会看，马斯洛层次需求可以总结为以下五种形态，如图 9-3 所示。

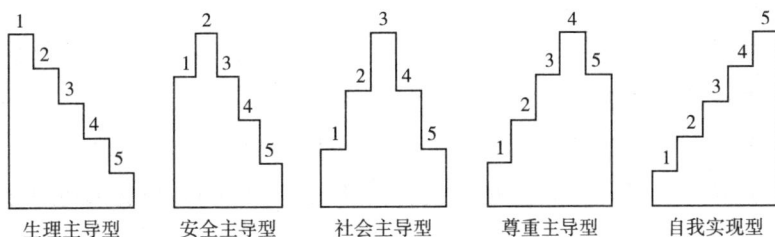

图 9-3 马斯洛层次需求的五种形态

第一个梯形是以生理主导型的人，他们将生理需求放得很高，温饱问题就是典型的生理主导型。

第二个梯形是安全主导型的，只要安全防护措施做得好，人才有没有升职的机会，有没有更大的发展都不重要，他们一切求稳。

第三个梯形是社会主导型的，以社会需求为主导的，比如以社交、亲情、友情为主导，需要一系列的社会的认可度、包容度等。

第四个梯形是尊重主导型的。比如前面提到 72 岁机修老爷子，就是尊重主导型的。很多的科技工作者退休之后也在发挥余热，已经不把赚钱做主需求，而是将被尊重放在第一位。

第五个梯形是自我实现型的，典型的就是成功的政治家，将自我实现、超越自我放在首位。一切只为社会着想，只为百姓大众着想，只为所服务的民众着想，比如那些慈善家，也是属于自我实现型的。

企业员工的需求不同，其激励方法应该有所不同。生理主导型与安全主导型的人才，适合在企业的中基层发挥自己的稳健性特质；社会主导型人才，适合做销售型的高层；尊重型主导的人才，适合做技术攻关人员，通过一道道攻克技术难关，更能感受到成就感；自我实现型主导的人才，适合做企业高层管理人员或负责企业全面运营管理。

实例解析

2019年，某大型企业请我为他们的优秀基层人才进行职业规划与培养。他们按照我的建议先选出人才来，进行能力、潜力、性格等维度测评，同时结合大五类人格测评，将社交性、开放性、利他性、道德感均在45分及以上的人才进行针对性的培养。

我给他们一一做职业规划，进行为期两年的培训，由企业培训部门每季度进行一次盘点，每半年度我参与进行一次盘点测评，与业绩考评相结合，从他们的个人成长、业绩、团队贡献度、管理能力、人品、道德修养维度进行测评。两年内有20%的人得到升职机会，60%的员工得到加薪机会，这个团队就被全面地激活了。

第十章

基于价值贡献的薪酬体系设计

薪酬设计是建立现代薪酬管理制度的前提和重要组成部分，是企业人力资源管理中最核心的内容，关系到企业的经营管理及长远的发展。薪酬设计是对劳动者价值的具体体现，合理的薪酬设计能充分调动员工的工作热情，激发其才能的发挥，使其获得满足感、荣誉感，进而更好地促进企业的发展壮大。

企业薪酬设计应以市场水平为导向，结合企业自身战略规划，通过深化薪酬制度设计、理顺分配关系、调整优化结构，建立完善科学合理的激励与约束机制，实现规范运作，为实现企业的发展目标提供有力保证。

第一节　与企业战略匹配的科学薪酬设计

薪酬体系的设计应当与企业的战略目标相匹配。通过对企业战略目标的理解和分析，制定相应的薪酬策略，确保员工的努力方向与组织目标一致。

薪酬的设计不能凭感觉，也不能照搬同行的，不同企业的战略思想不同，其薪酬设计原理肯定会有所差异。

一、薪酬体系对企业战略的承接关系

首先，在设计薪酬之初需要思考：企业应当到哪些领域去？例如，餐饮服务业的薪酬肯定比金融服务业的低，地产基建的工资肯定比地产销售的低，

大众服装店员工资肯定比奢侈品服装店员的低……这是企业战略目标与远景价值观所决定的，超越这个规律对于一般的企业来说是不太现实的。

其次，企业需要考虑的是在这些领域中如何才能获胜（怎样取得竞争优秀）？这是企业需要罹难的经营单位战略。例如，在同座城市的地产销售，主导销售刚需房、高端叠墅或别墅？获客能力、沟通技巧怎样？

再次，人力资源部如何帮助企业获胜，即人力资源战略如何设计？是用中端人才还是跟随性人才策略？

最后，企业的薪酬是否能帮获取与留住优秀的人才？

这些问题就是企业的薪酬体系与薪酬决策机制的来源。

企业的战略可以分为稳定性战略与成长性战略两大类。薪酬的考虑维度可以从风险分担（浮动薪酬）、时间导向、薪资市场水平（短期与长期）、福利水平、薪酬决策的方式、薪酬决策的分析单位，六个维度进行系统性思考。

对于稳定性的薪酬战略，员工承担风险就会相对地少一些，因此其基本工资就相对地高些，而绩效工资就会偏低，在短期内是有一定的优势，但长期而言可能不太理想，这是求稳的薪酬方案。短期薪酬福利水平高于市场水平，但长期就一定是低于市场水平的。薪酬的决策方式以集中平衡为主，决定薪酬的主要因素是职位，是比较典型的排资论辈型。

对于成长性的薪酬战略，员工承担风险较大，即企业发给员工的基本工资相对偏低，但真正的收入凭个人的业务拼搏而来。只要够拼搏，大学毕业两三年后就可以挣到超过 20 万元或 30 万元甚至更高的薪酬。从长期看来薪酬一定是高于市场的，短期薪酬福利水平低于市场。薪酬的决策方式以分散式、效能优先的原则，决定薪酬的主要因素不是职位，而是技能与价值转换的收益分配。虽然员工短期工资很低，但是未来的工资会差距很大，如果短期内只拿 1 万元的工资，但是工作八年或十年之后，可能年收入高达百万元。

二、薪酬结构

薪酬衡量一个人在组织中的价值与贡献，可以是短期直接兑现的，也可以是长期具有激励性质的。

1. 工资，一般由固定工资、浮动工资组成，与企业的经营状况挂钩，例如企业的销售收入、产能、效益等。

2. 福利，包括社会保险、住房公积金、补充商业保险、其他的福利。社会保险与住房公积金由员工的能力及岗位价值，参照国家的规定所执行。补充商业保险，通常是企业考虑到优秀员工或有一定风险的工种岗位进行的一种补充性保障。其他的福利，一般由员工的岗位级别和绩效及企业的整体收益而定，比如请员工父母到企业所在地参观，企业给予接待，还有额外奖励优秀员工自助旅游等，属于其他的福利。

3. 奖金，包括年终奖、贡献奖、特别奖等。年终奖与企业的利润直接关联；贡献奖由员工的特殊贡献所决定；特别奖一般由总经理或董事长所决定。

4. 股权，主要是以低价或免费的方式，奖励给优秀的员工、核心人才或管理层。

薪酬总额的设计，不是人云亦云的事情，一定要结合企业的整体的运营状况、销售状况、管控状况、成本管控及人效等维度综合测评。企业拿出多少利润、工资总额占企业营收多少比例，是一定要与企业的营收高度关联的，可以通过数据模型进行测算。

三、海氏价值薪酬设计的六个步骤

海氏价值薪酬设计着眼于确定不同工作对实现组织目标的相对重要性，具体步骤如下。

1. 步骤一：选取通用报酬要素并加以定义。薪酬的支付以岗位创造的价值所需要的知识、技能、态度所决定，在设计薪酬时，要按企业的实际情况进行提取，并对其进行定义。

比如，为了销售任务的达成，销售助理需要有良好的客户服务意识，企业就需要对客户意识进行定义，具体见表 10-1。

表 10-1　客户意识的定义与维度

名称：客户意识
定义：客户意识是指个人关注客户不断变化的需求，竭尽全力帮助和服务客户，为客户创造价值的意愿和态度
维度：对客户需求的理解深度及主动关注的能力水平

2. 步骤二：对每一种报酬要素的各种不同程度、水平或层次加以区分和等级界定，具体见表 10-2。

表 10-2　每一种报酬要素的层级界定

层级三：主动负责，战略共赢
能够对客户的各项行为作出反应，与其坦诚交流 能够主动了解客户的期望和要求，鼓励客户参与相关活动 能够与客户共同寻求继续合作的战略规划，使双方达到共赢
层级二：建立伙伴关系，换位思考
能够积极与客户建立伙伴关系，对客户的突发性疑虑和期望反应及时 能够接受客户的合理建议，并能及时给予客户反馈
层级一：多维度理解（了解）客户
能够考虑客户对问题的认知程度，明白客户的特定情况及其特殊需要 能够与客户保持基本联系，并对客户的情况作出反应

3. 步骤三：确定不同报酬要素在职位评价体系中的"权重"或相对价值。可以将每个岗位的关键要素都列出来，一般列 5 ～ 8 项，具体的分配可以按企业的实际情况进行，可参考表 10-3。

表 10-3　不同报酬要素的权重分配

报酬要素	报酬要素权重	备　注
知　识	20%	核心知识点列出
技　能	5%	关键技能点列出
监督责任	25%	监督的范围与主要责任
决　策	25%	决策的影响程度
预算影响	10%	
客户意识	10%	
工作条件	5%	
总　计	100%	

4. 步骤四：确定每一种报酬要素的不同等级所对应的点值。比如，知识要素中的技术知识，见表 10-4 和表 10-5。

表 10-4 报酬要素中的技术知识

技术知识	管理范围	Ⅰ 任 务			Ⅱ 活 动			Ⅲ相关性			Ⅳ多元化			Ⅴ 全局性		
	人际关系	1	2	3	1	2	3	1	2	3	1	2	3	1	2	3
A. 初级的																
B. 基本职业性的																
C. 职业性的																
D. 高级职业性的																
E. 基本专业性的																
F. 熟练专业性的																
G. 精通专业性的																
H. 绝对权威性的																

说明：1 ＝基本的；2 ＝重要的；3 ＝关键的。

表 10-5 报酬要素中的行动自由

行动自由	影响领域	非 常 小				小				中 等				大			
	影响性质	R	C	S	P	R	C	S	P	R	C	S	P	R	C	S	P
A. 严格规定的																	
B. 受控制的																	
C. 标准化的																	
D. 受调节的																	
E. 受指导的																	
F. 方向性指导的																	
G. 一般性指导的																	
H. 战略性指导的																	
I. 总体无指导的																	

说明：R ＝关系较远；C ＝有贡献；S ＝共担；P ＝主要。

5. 步骤五：运用这些报酬要素来分析和评价每一个职位。

下面以我曾给某火力发电企业做的报酬要素分析，对企业关键的中层岗位按职位要求进行的评价，见表 10-6。

表 10-6　某火力发电企业做的报酬要素分析表

评估对象		评委A	评委B	评委C	评委D	评委E	评委F	评委G	评委H	评委I
部　门	岗　位									
生产技术部	经理	695	710	755	740	660	720	680	670	790
发电部	经理	695	750	755	710	660	730	680	670	755
燃运部	经理	735	690	735	710	650	730	640	600	735
综合部	经理	675	710	715	670	635	650	660	640	715
人力资源部	经理	705	700	700	620	625	650	665	670	700
财务部	经理	650	700	680	670	660	715	690	595	680
燃料管理部	经理	620	730	660	650	630	655	650	660	660
计划经营部	经理	520	690	685	630	610	770	620	685	645
健康、安全、环境管理部（HSE）部	安全监督工程师	430	585	440	505	480	570	650	440	487
营销与发展规划部	营销主任工程师	495	575	455	475	440	615	525	455	475
工程建设部	质量主管	485	465	455	525	490	515	450	455	461
工程建设部	计划主管	465	485	470	515	490	455	450	470	457
生产技术部	生产计划主管	455	515	470	470	490	440	450	520	453
生产技术部	电气点检长	475	430	505	450	490	500	450	545	446
财务部	资金预算管理主管	390	585	230	380	510	430	355	230	406
燃运部	质检班班长	370	455	370	420	490	320	310	370	374

6. 步骤六：根据点数高低将所有被评价职位进行排序，然后根据划分出来的点值范围，确定职位的等级结构，见表 10-7。

表 10-7　被评价职位点数排序表

| 评估对象 | | 评委A | 评委B | 评委C | 评委D | 评委E | 评委F | 评委G | 评委H | 评委I | 平均分 |
部　门	岗　位										
生产技术部	经　理	695	710	755	740	660	720	680	670	790	713
发电部	经　理	695	750	755	710	660	730	680	670	755	712
燃运部	经　理	735	690	735	710	650	730	640	600	735	692
综合部	经　理	675	710	715	670	635	650	660	640	715	674
人力资源部	经　理	705	700	700	620	625	650	665	670	700	671
财务部	经　理	650	700	680	670	660	715	690	595	680	671
燃料管理部	经　理	620	730	660	650	630	655	650	660	660	657
计划经营部	经　理	520	690	685	630	610	770	620	685	645	651
安健环 HSE 部	安全监督工程师	430	585	440	505	480	570	650	440	487	510
营销与发展规划部	营销主任工程师	495	575	455	475	440	615	525	455	475	501
工程建设部	质量主管	485	465	455	525	490	515	450	455	461	478
工程建设部	计划主管	465	485	470	515	490	455	450	470	457	473
生产技术部	生产计划主管	455	515	470	470	490	440	450	520	453	474
生产技术部	电气点检长	475	430	505	450	490	500	450	545	446	477
财务部	资金预算管理主管	390	585	230	380	510	430	355	230	406	393
燃运部	质检班班长	370	455	370	420	490	320	310	370	374	387

再将企业的岗位与薪酬进行分级分等的划分，这样可以做到薪酬公开化，见表 10-8。

表 10-8　企业岗位与薪酬分级分等划分表

| 职　级 | 职　等 | 薪　级 | 薪　档 | | | | |
			第 一 档	第 二 档	第 三 档	第 四 档	第 五 档
经理级	资深经理	16级					
	高级经理	15级					
	经　理	14级					
主管级	高级主管	13级					
	中级主管	12级					
	主　管	11级					

如果没有做这一系列标准的价值分析，企业在制定薪酬时就会比较随性。

我的一个客户需要招一位零售主管，按照企业的规定，这个岗位不需要总经理亲自面试，营销副总经理有决定权。当时企业的招聘经理、人力资源总监和营销副总经理，面试了一位人才觉得不错，于是准备安排入职，也按照企业的标准薪酬与她谈好。

在零售主管来企业报告入职时，她就坐在企业前台的接待室等人事给办理入职手续，刚好总经理回企业见到了，问前台："这位是谁？"知道是新入职的零售主管，总经理让前台带到办公室与之交流，与总经理聊得很高兴，总经理出来对人力资源说："你们要珍惜人才，像小敏这样的优秀的零售人才，怎么能只是主管的职务呢？这样是留不住人才的，给她升为零售经理职务，每月加2 000元工资。"

快消品零售行业的员工，能说会道是基本功，而且小敏的外形也很有优势，总经理就这样任性的每月加了2 000元的工资。按企业规定，主管试用期底薪8 000元加上业务提成，合格的主管月收入在12 000～15 000元之间；转正之后底薪10 000元加上业务提成。按总经理的要求，试用期直接给10 000元，转正给12 000的底薪。总经理都发话了，人力资源部只能重新写个入职的薪酬单。

为什么总经理在不到两个半小时的交流里，就决定给她加2 000元呢？那么，这个人才是不是真的符合薪酬标准呢？最后事实证明，小敏按经理的要求进行考核，所负责的区业绩一直不达标，自己主动离职了。

造成这样的结果，最主要的原因是企业没有做报酬的要素分析，更没有对要素进行具体的解析，只是凭感觉给员工定薪。我们要强调的是企业的薪酬贡献来源，不是"拍脑袋"来的，而是要按照价值贡献因素和维度来制定企业的薪酬。作为企业总经理虽然有直接决定权，但是如果长期这样，会打破企业的平衡，也会失去公平与合理性，最后就失去了标准与原则。

第二节　薪酬设计的五种模式

薪酬的合理性是企业对人才价值表示认同的最佳方式。不同岗位的价值呈现方式不同，为使薪酬更具激励性、针对性，企业要结合不同岗位的特性进行薪酬结构设计，既能体现对人才的尊重，也能体现企业薪酬管理的专业性。

一、计件制薪酬设计

计件制作为一种激励薪酬制度，主要适用于一线工人和某些工作成果可以完全量化的行业，主要有以下三种形式。

1. 简单计件制：完成件数 × 每件工资 = 应付工资。工种的独立性比较强，比如，服装厂车位，车缝一件衣服或车缝衣服的每一部位，每件多少钱；电子厂手工插件工人，也非常适合用这种制度。

2. 梅里克多计件制：将工人分为三个等级，随着等级变化，工资率递减 10%。中等和劣等的工人获得合理的报酬，而优等的工人则获得额外的奖励。比如，同样是衣服制衣厂的车缝工厂，按同样的标准计划，将计件工资设为三个档次，分别是 3 800 元、3 420 元、3 078 元。当通过计件，工资达 3 800 元时，可以给予额外的奖励，有的企业定之为超产奖。

3. 泰勒的差别计件制：首先制订标准的要求，然后根据员工完成标准的情况有差别的给予计件工资率。比如，一次直通率达 98% 或以上且完成企业的标准数量，如果直通率低于 98%，每下降 0.5% 计件标准工资同时下降 1%；如果直通率达到 99% 以上，也同时完成标准数量，则计件工资上升 2%，类似于这样的差别性计件。

企业在进行计件制薪酬设计的同时必须注意以下五种因素。

（一）确定计件工资标准

在实施计件工资制时，首先需要确定具体的计件工资标准。这个标准应该根据岗位的性质、工作的复杂程度、员工的技能水平及市场行情等因素进行综合考虑，以确保计件工资标准的合理性和公平性。

为了确保计件工资标准的合理性和公平性，企业需要综合考虑多个因素，包括以下几点。

1. 工作量：根据岗位和工作性质的不同，设定合理的计件工资标准。工作量是计件工资制中最重要的因素之一，通常以完成的工件数量来计算工资。在制订标准时，要考虑到岗位的工作强度和员工的承受能力，以确保标准既不过高也不过低。

2. 产品质量：除了工作量，产品质量也是重要的考量因素。要制定相应的检验标准，明确产品合格率的要求，对于不合格的产品，应采取相应的扣罚措施。这样可以激励员工注重工作质量，提高产品质量水平。

3. 工作效率：员工的工作效率也是计件工资标准的考虑因素之一。对于工作效率较高的员工，可以设定较高的计件工资标准，以激励他们发挥更大的价值。同时，对于新入职或技能水平较低的员工，可以设定相对较低的计件工资标准，并提供相应的培训和辅导，帮助他们提高工作效率。

4. 工龄因素：员工的工龄也是制订计件工资标准时需要考虑的因素之一。对于工龄较长的员工，可以给予一定的工龄津贴或加分，以体现组织对员工的长期贡献和忠诚度的认可。

所以，企业在进行计件工资标准设计时，需要综合考虑工作量、产品质量、工作效率、工龄因素，通过制定合理、公平的计件工资标准来提高员工的工作积极性和创造力。

（二）明确计件数量和质量

在制定计件工资方案时，需要明确计件的数量和质量。数量通常是按照完成的工件数量来计算，而质量则需要制定相应的检验标准和扣罚措施。确保员工明确知道计件的数量和质量要求，以便他们能够准确地进行自我评估和计算工资。

（三）定期评估和调整

计件工资标准不是一成不变的，而是根据市场变化、组织发展及员工技能水平的提升进行定期评估和调整。这样可以确保计件工资的持续合理性和激励效果，同时也能激发员工的积极性和创造力。

（四）保持透明度

实施计件工资制时，要确保透明度。让员工清楚了解计件工资的核算方式和标准，以便他们能够自行计算工资。同时，对于计件工资的调整和变化，应及时与员工进行沟通和解释，以确保员工的理解和接受。

（五）考虑员工素质

在制定计件工资方案时，还需要考虑员工的素质和技能水平。对于技能水平较高的员工，可以设定较高的计件工资标准，以激励他们发挥更大的价值。同时，对于新入职或技能水平较低的员工，可以设定相对较低的计件工资标准，并提供相应的培训和辅导，帮助他们提高技能水平并逐步达到更高的工资水平。通过合理的计件工资标准和培训发展计划，可以激发员工的潜力并促进组织的持续发展。

实例解析

生产车间计件工资方案

（一）目的

为进一步提高生产效率，激励员工的工作积极性，充分体现多劳多得、公平合理的薪资制度，实现双赢政策，特拟定以下方案。

（二）适用范围

生产部全体员工。

（三）生产部管理层方案

1. 适用范围：生产部管理层（主任、组长、技术员、领班、领料员、工位检验）。

2. 细则。

（1）线长、车间主任薪资计算方式：

①以各车间总工资 ÷ 总实际出勤工时 = 平均小时工资；

②平均小时工资 $\times 1.3 \times$ 出勤工时 － （500元考核工资）= 基本工资；

③总装：实发工资 = 基本工资 + 全勤 + 房补 + 考核工资。

（2）组长、技术员薪资计算方式：

①以各车间总工资 ÷ 总实际出勤工时 = 平均小时工资；

②平均小时工资 $\times 1.2 \times$ 出勤工时 － （300元考核工资）= 基本工资；

③实际工资基本工资 + 全勤奖 + 房补 + 考核工资。

（3）领料员、工位检验、领班薪资计算方式：

①以各车间总工资 ÷ 总实际出勤小时 = 平均小时工资；

②平均小时工资 $\times 1.12 \times$ 出勤工时 － （200元考核工资）= 基本工资；

③实际工资 = 基本工资 + 全勤奖 + 房补 + 考核工资。

（4）一线员工薪资计算方式：

①总装：实际工资 = 基本工资 + 全勤奖 + 房补 + 考核工资；

②雕刻：实际工资 = 计件工资 + 全勤奖 + 房补 + 考核工资 + 营养费。

3. 根据各产品特性不同制订各产品加工单价表。

4. 根据各工位不同制度，分为小团体计件和个人计件两种。

5. 另附各产品计件单价表。

6. 如因工艺改进，优化等提高工作效率的，企业有权对其进行单价调整。

7. 员工进企业前三天或新工序试用补贴4小时大工由企业支付试工期大工工时（24小时），每8小时50元，由接受车间提出试工工时，申请单交由生产部审核，经企业批准纳入总工资。

8. 新产品上线后，由技术部填写劳务申请单交由生产部审核，经企业批准后统一纳入总工资。

9. 其他部门需要生产部协助完成的工作，必须先开具工时补贴，经企业领导批准后，由生产部统一安排作业。

10. 因产品特性不同，企业应支付每种产品的返工返修比例。

11. 上一道生产车间造成的不合格辅助材料，流到下一道车间并进行了返工，由下一道车间填写此工序返工单价的 2 倍补贴单价，经生产部审核并由责任车间签字生效，从责任车间总工资中直接扣除纳入返工车间，企业不承担返工工时。

12. 生产部从各车间抽取总工资的 10% 作为管理费用。

13. 此方案采用产能转化工时制度。

例如，本月本车间总工资为 20 万元 ÷ 总工时为 2 万小时 = 平均每小时为 10 元。张某本月出勤：260 时 × 平均小时 10 元 = 2 600 元。

14. 生产部从各车间抽取总工资的 3% 作为员工考核工资。

15. 各种产品根据特性列出重点工位，（除个人计件外）每天的工时 × 1.1 倍作为实际工时。

16. 企业设置各级别员工的淡季保障工资（根据企业管理规定）。

17. 各车间每日 9:00 前上交生产日报表（总装车间另加成品入库单）。

18. 各车间员工工作票必须在 10:00 前交到生产部办公室，所有工作票必须经生产部主管签字生效。

19. 所有向企业申请的大工工时都以 7.53/ 时计算。

20. 同级别车间，以个人产量 × 工序单价直接计算工资。

21. 其他与总装车间一致。

（四）质量管理规定

1. 所有工序生产的半成品都要经过检验确认，如果抽出不合格品需免费返工。

2. 下一道工序在作业中，未发现上一道工序的不良品并继续生产下去的，一经发现同样处罚。

3. 每道工序的合格率必须达到 98%。

（五）制度

1. 本制度实施之日起，取消原工资制度。

2. 本制度未提及的待遇，参考企业管理制度。

3. 每位员工下班后要认真填写员工产量单，产量单上数字必须真实有效，如发现弄虚作假现象，扣除当日工资，另处 50 元罚款。

4. 产量单上不允许有修改、字迹不清现象，一旦发现视作无效。

5. 产量单上要有主任（线长）签字，交到生产部，由生产部主管签字后生效，否则视为无效单。

6. 中途请假或离职的员工按当时实际包装数字计算，不折算半成品。

7. 中途调入的员工，也不计算半成品。

8. 每个月月底进行盘存，折算半成品单价，下月扣除，以此类推。

9. 每笔订单的物料从仓库领出后，不合格材料进行调换，如发现材料因生产车间自身原因丢失需补料，需填写超领单，超领单部分材料由车间承担 50% 材料费。

10. 本制度的考核制度实行上级考核下级的制度。

编制： 审核： 批准：

二、计效制薪酬设计

以员工的超过标准的节约时间或成本的多寡来计算的一种奖励形式。标准工时制，以节约时间多寡来计算应得的奖金。根据节约时间奖励提取比例的不同，又可以分为罗恩制和哈尔西 50—50 奖金制。

1. 罗恩制的奖励比例按照节约时间占标准工作时间的百分比来计算，计算公式如下：

$$E=T\times R\,[1+（S-T）\div S]$$

其中，E 为实际收入，T 为标准小时工资，R 为实际工作小时，S 为标准工作小时。

如：某计效工作工资为 50 元 / 时，标准时间设定为 8 小时，而某员工实际只用了 7 小时即完成工作，那么这名员工 7 小时的收入 $E=50\times7\times[1+（8-7）\div8]=393.75$ 元。

2. 哈尔西 50—50 奖金制是按照企业和个人五五分账的方式来分享工时成本的节约。标准成本制，即按照节约成本来提取比例进行奖励的奖金，计算公式如下。

$$E=T\times R+P（S-T）R$$

其中，E 为实际收入，T 为实际工作小时，S 为标准工作小时，R 为标准小时工资，P 为分成率，通常为 1/2。

如：某计效工作工资为 50 元 / 时，标准时间设定为 8 小时，而某员工实际只用了 7 小时即完成工作，那么这名员工 7 小时的收入 E=7×50 +1÷2（8-7）×50=375 元。

哈尔西 50—50 奖金制最好是用于 IE 工程。当你完成了工作任务，完成的直通率达到一定比例时，加 IE 工程是对品质的要求。例如，100 件产品合格率百分之百，这个时候每件薪酬加 1 元，如果你在规定时间内完成了 100 件，但是只有 95% 的合格率，除了那 5% 要返工之外，不计工资，整体的薪酬下降。

三、佣金制薪酬模式

佣金制也叫提成制，直接按销售额的一定比例确定销售人员的报酬，它是根据业绩确定报酬的一种典型形式，主要用于销售人员的工资制度。

（一）单纯佣金制

对销售人员而言，单纯佣金制是一种风险较大而且挑战性极强的制度，计算公式如下。

工资＝每件产品单价 ÷ 提成比率 × 销售的件数

薪酬构成：基本薪酬没有，收入全部由业务提成而来，提成按实际完成销售目标的百分比。例如，标准佣金：10 万元 / 年，每月根据实际销售业绩浮动计发，不封顶。为激励销售人才，可以将销售目标划为不同档次。如完成额低于 60%，按销售额的 3% 提成；完成额在任务的 60% ～ 80%，按销售额的 4% 提成；完成额在任务的 80% ～ 100%，按销售额的 5% 提成；完成额在任务 100% 以上的，按 8% 的提成。见表 10-9。

表 10-9　单纯佣金制计算方式

薪酬构成	佣金计算方式	
基本薪酬：没有 标佣金：10 万元 / 年，每月根据实际销售业绩浮动计发 标薪酬：10 万元 / 年，上不封顶	实际完成销售目标的百分比	佣金占销售额的百分比
	0 ～ 60%	3%
	60% ～ 80%	4%
	80% ～ 100%	5%
	100% 以上	8%

（二）基本薪酬 + 佣金制

同样按 10 万元 / 年核算，基本薪酬：5 万元 / 年，目标佣金：5 万元 / 年，每月根据实际销售业绩浮动计发上不封顶，见表 10-10。

表 10-10　基本薪酬 + 佣金制计算方式

佣金计算方式		
完成销售目标百分比	佣金占销售额的百分比		
	产品 A	产品 B	产品 C
0 ～ 100%	3%	5%	8%
100% 以上	5%	9%	12%

（三）基本薪酬 + 间接佣金

与产品的价格及销售量没有关系，但与数量有直接关系，见表 10-11。

表 10-11　基本薪酬 + 间接佣金计算方式

薪酬构成	佣金计算方式	
基本薪酬：6 万元 / 年 目标佣金：4 万元 / 年，每月根据实际销售业绩浮动计发 目标薪酬：10 万元 / 年，上不封顶	产品类型	单位产品的点值
	A	2
	B	5
	C	8
	D	10
	E	6

佣金计划的优势是由于报酬明确同绩效挂钩，因此销售人员为得到更多的工资报酬，会努力扩大销售额，促进企业市场份额迅速扩大；另外，由于佣金制计算简单，销售人员易于理解，所以管理和监督成本也比较低。

四、奖金制薪酬模式

（一）基本薪酬 + 目标完全率奖金

奖金计算方式见表 10-12。

表 10-12　基本薪酬 + 目标完全率奖金计算方式

薪酬构成	奖金计算方式	
	实际完成销售目标的百分比	每月目标奖金的百分比
基本薪酬：6 万元 / 年 目标佣金：4 万元 / 年，每月根据实际销售业绩浮动计发 目标薪酬：8 万元 / 年，上限封顶，最高不超过 12.4 万元	70%	0
	80%	50%
	90%	75%
	100%	100%
	110%	120%
	120%	140%
	130% 及以上	160%

（二）基本薪酬 + 绩效评价奖金

奖金计算方式见表 10-13。

表 10-13　基本薪酬 + 绩效评价奖金计算方式

薪酬构成	奖金计算方式	
	绩效评价等级	奖金比例
基本薪酬：6 万元 / 年 目标佣金：4 万元 / 年，每月度根据总体绩效评价等级浮动计发 目标薪酬：8 万元 / 年，上限封顶，最高不超过 11.6 万元	S	140%
	A	120%
	B	100%
	C	50%
	D	0

（三）基本薪酬 + 目标值与利润的平衡

奖金计算方式见表 10-14。

表 10-14 基本薪酬 + 目标值与利润的平衡计算方式

薪酬构成	奖金计算方式					
基本薪酬：8 万元 / 年 目标奖金：8 万元 / 年，每季度根据销售额和利润完成情况浮动计发 目标薪酬：12 万元 / 年，上限封顶，最高不超过 24 万元	销售额	相当于季度目标奖金的百分比				
		A 级	50.0%	87.5%	125.0%	162.5%	200.0%
		B 级	37.5%	75.0%	112.5%	150.0%	162.5%
		C 级	25.8%	62.5%	100%	112.5%	125.0%
		D 级	12.5%	37.5%	62.5%	75.0%	87.5%
		E 级	0	12.5%	25.8%	37.5%	50.0%
			E′级	D′级	C′级	B′级	A′级
		利润率					

说明：A、A′为优秀线，C、C′为合格线，E 级、E′级为底线。

奖金计划在佣金制方面有所改进，可以跟进企业当下关注的管理要素进行设计管控的维度。

实例解析

某外贸企业有外贸业务员 20 人，分四个业务部门，1+4 的模式，即 1 名业务经理，4 名业务员。各小组就从来没有满员过，而人力资源部在 2019 年的前 5 个月，先后办理入职 13 人，离职 15 人。离职人员有一个共同的特点：在职时间 2 ~ 8 个月，时间最长的是 1 年 1 个月，其中以 4 ~ 5 个月的居多。新人留不下来的根本原因在于上手的业务有一定的难度，且四位经理不会将已有业务交给新同事，也没有时间辅导新同事。

为什么会这样？一个原因是部门经理领了团队业绩指标，个人的指标压力很大，且带团队仅 500 元 / 月的团队管理津贴；另一个原因是团队收益就是年度团队毛利的 1%，也是微乎其微，失去了带团队的动力。

面对这种情况怎么办？我当时给他们设计的薪酬结构是：底薪 + 个人佣金 + 团队提成，核心重点是其收益的比例控制，业务经理既要做业务，也需要带团队，例如，设置限制性条件为：个人业绩占团队 30% ~ 40%，下属业务占 60% ~ 70% 时，业务经理的个人收入最高。

实例解析

销售人才薪酬设计

核心销售人员薪酬方案如下：

（一）总则

为了提升员工工作效率，提升员工工作激情，培养优秀人才，让团队每个成员朝同一个目标努力，特制定销售人员薪酬制度与考核标准。

（二）适用范围

本部门所有员工。

（三）原则

公平、竞争原则。

（四）薪酬组成

基本工资＋基本补助＋绩效奖金＋销售提成＋年终奖。

1. 基本工资标准（表 10-15）。

表 10-15　基本工资标准

销　售　部	工资标准	备注说明
总监级别	6 000 元	企业根据销售人员工作经验、能力、资历确定入职级别，并允许在 10% 上下浮动
片区经理	3 000 元	
大区经理	2 500 元	
省区经理	2 000 元	
区域经理	1 800 元	
见习经理	1 500 元	

2. 基本补助。

1）电话补助标准（表 10-16）。

表 10-16　电话补助标准

销　售　部	基本标准
总监级别	500 元 / 月

续上表

销 售 部	基 本 标 准
片区经理	400 元 / 月
大区经理	350 元 / 月
省区经理	300 元 / 月
区域经理	250 元 / 月
销售经理	200 元 / 月
见习经理	无

2）出差补助。

（1）出差补助标准（表 10-17）。

表 10-17　出差补助标准

三级城市	二级城市	一级城市	备　　注
80 元 / 天	100/ 天	120/ 天	每城市拓展周期为 3 天

销售人员在每个城市的市场拜访时间原则上不超过三个工作日，若个别客户要求必须停留三个工作日以上，须向总经理助理提出书面申请，经总经理批准；超过三个工作日出差补助按 60 元 / 天为核算标准，不经申请滞留者，取消滞留当天出差补助。

（2）出差城市级别说明。

一级城市：北京、上海、深圳。

二级城市：省会城市。

三级城市：除以上一、二级城市外的城市。

3. 绩效奖金（表 10-18）。

表 10-18　各级别员工绩效奖金

销 售 部	绩效奖金基数	备注说明
总监级别	3 000 元	
片区经理	1 500 元	
大区经理	1 200 元	
省区经理	1 000 元	每级别绩效奖金按绩效考核分达标率核算
区域经理	800 元	
销售经理	500 元	
见习经理（试用）	无	

1）绩效奖金基数。

2）绩效考核标准。

绩效评分标准如下。

每项评选条例对应四个标准：A. 优秀、B. 优良、C. 合格、D. 不合格，评分人员根据标准给相应人员合理打分，见表 10-19。

表 10-19　绩效评分标准

评分内容	评分标准	等　级	分　值	实际得分
工作态度	吃苦耐劳，无条件执行各项工作任务	A	16～20	
	态度认真，但经常拖沓，遇到挫折容易放弃	B	11～15	
	只愿意从事感兴趣的任务，对其他任务消极抵触	C	6～10	
	经常对企业不满，态度消极、抱怨	D	0～5	
销售能力	具备丰富区域市场运作和管理经验，能够圆满完成各项销售目标	A	16～20	
	具备一定市场操作能力，能完成区域销售目标	B	11～15	
	基本能够完成区域销售任务，但很少考虑企业费用	C	6～10	
	无法完成下达的销售任务	D	0～5	
服务心态	尊重客户，热情而耐心地为客户服务	A	16～20	
	能为客户提供基本的服务，但不够热情	B	11～15	
	缺乏服务意识和主动性，经常情绪化	C	6～10	
	经常被客户投诉，服务态度冷淡	D	0～5	
服从管理	遵守部门制度和企业规定，尊重上级领导、自觉性、纪律性强	A	16～20	
	遵守部门制度和企业规定，有一定自觉性和纪律性	B	11～15	
	屡次违反企业规定，纪律性和自觉性较差	C	6～10	
	拒不遵守企业规定，消极抵触上级下达的任务	D	0～5	
综合技能	精通市场、产品综合知识，并具备专业授课培训能力	A	16～20	
	具备一定的市场、产品综合知识，具备基本的授课培训能力	B	11～15	
	只精通局部知识，缺乏培训授课经验	C	6～10	
	不具备综合知识和授课能力，且学习态度极差	D	0～5	

绩效评分方式如下：

绩效考核分＝总经理评分×40%+总经理助理评分×20+市场部总监×20%+财务总监×20%

3）绩效核算发放。

（1）绩效奖金每季度发放一次，实发绩效奖金＝绩效考核得分×绩效奖金基数。

（2）季度绩效考核分60分以下，不予发放绩效奖金。

（3）季度考核分60分以下，实际发放当期销售提成的80%。

（4）试用期员工参与绩效考核评分，但不参与奖金分配。

4. 销售提成。

1）提成核算标准。

（1）未完成季度保底任务。

无销售奖金。

（2）完成季度保底任务以上。

销售提成＝（本季度保底任务额×0.3%+超出保底任务部分×2.5%）×70%

（3）完成季度基础任务以上。

销售奖金＝（本季度保底任务额×0.3%+超出保底任务部分×2.5%+
超出基础任务×3.5%）×70%

（4）完成季度目标任务以上（超额完成）。

销售提成＝（本季度保底任务额×0.3%+超出保底任务部分×
2.5%+超出基础任务×3.5%+超出目标任务×8%）×70%

2）销售提成发放。

（1）销售提成按当季实际到账金额为核算标准。

（2）销售奖金按季度发放，实际发放70%，剩余30%作为年终奖励。

5. 年终奖。

1）年终奖金基数。

年终奖金基数＝销售人员全年季度奖金之和×30%

2）年终奖金基数考核（表 10-20）。

表 10-20 年终奖金基数考核

考核项目	奖金比例	评审指标	指标率					年终奖金比率			
				A	B	C	D	A	B	C	D
退换货	20%	年度累计退换货金额	年实际回款	%以内	×%~×%	×%~×%	×%~×%	110%	80%	60%	30%
额外投入	20%	年度累计规定政策外市场投入金额	年实际回款	%以内	×%~×%	×%~×%	×%~×%	110%	80%	60%	30%
出差费用	20%	年度累计出差费用（车费、出差补助）	年实际回款	%以内	×%~×%	×%~×%	×%~×%	110%	80%	60%	30%
客户维护	20%	年度累计6个月不回款客户数量	年度累计	2个以内	3～4个	5～6个	6个以上	110%	80%	60%	30%
客户开发	20%	年度累计新开发客户数	年度累计	10个以上	8～10个	4～7个	3个以下	110%	80%	60%	30%

3）年终奖金发放说明。

年终奖金按照年终奖金基数考核为标准核算，每年 1 月 30 日以前发放。

（五）转正标准

1. 新销售人员试用期至少 1 个月，最长不超过 3 个月。

2. 新销售人员试用期当月绩效考核分达到 90 分以上，由总经理助理提出直接转正申请，由总经理批准生效。

3. 新员工绩效考核分连续两个月在 60 分以下，试用届满后，总经理助理根据具体情况决定是否留用。

（六）晋升、降职、淘汰标准

1. 晋升标准。

（1）季度绩效考核分第一名。

（2）季度回款达标率第一名。

（3）为企业发展提出有效建议，并具备一定效果。

（4）为企业创造额外的经济效益（团购、外贸、原始设备制造商等）。

注：同时具备以上三个条件的人员，由总经理助理向总经理提交晋升申请，由总经理批准生效。

2. 降职标准。

（1）季度绩效考核分最后一名。

（2）季度回款达标率最后一名。

（3）季度违反企业及销售部制度和企业规定。

（4）季度遭客户投诉3次以上。

注：同时具备以上三个条件的员工，由总经理助理向总经理提交降职申请，由总经理批准生效。

3. 淘汰标准。

（1）连续两个季度绩效考核分最后一名。

（2）连续两个季度回款达标率最后一名。

（3）多次违反企业及部门规定，屡次教育不思改正。

（4）因工作疏忽造成企业重大经济损失。

同时具备以上三个条件的人员，由总经理助理向总经理提交降职申请，由总经理批准生效。

（七）考核申诉

对薪酬核算结果存有异议者，可在薪酬发放一周内提交书面报告总经理助理，由总经理助理审核后给予合理答复。此规定适用于××外勤人员，经企业总经理签字，企业盖章，相关人员签字后正式生效，从××××年××月××日执行生效。

编制：　　　审核：　　　批准：

五、经营者年薪制设计

经营者年薪制设计的三种模式如下。

（一）单一企业规模类型绝对水平模式

即根据企业规模规定基本年薪，报酬与年度经营目标挂钩。实现经营目标后可得到事先约定好的固定数量的年薪。例如，规定某企业经营者的年薪为100万元，但必须实现年度净利润3 000万元，且销售回款不低于3.8亿元。

1. 考核指标：如减亏额、销售收入、净利润、资产利润率等。

2. 适用对象：具体针对经营者一人，如总经理或执行副总经理等人员。

3. 激励作用：具有招标承包式的激励作用，激励作用很大，但易引发短期化行为。其激励作用的有效性发挥在很大程度上取决于考核指标的科学选择、准确真实。

这种报酬方案的制定，尤其是考核指标的选择，类似于项目业绩协议较为普遍实行的对经营者的奖励。

（二）单一企业规模类型系数模式

即经营者基本收入 = $(0.4W_1+0.6W_2)×2×R$，其中：W_1——本地区员工当年平均工资的1.5倍；W_2——本企业员工当年平均工资的1.5倍；R——企业生产经营规模调节系数。

1. 考核指标：确定基本薪酬时要依据企业的资产规模、销售收入、员工人数等指标；确定风险收入时，要考虑净资产增长率、实现利润增长率、销售收入增长率、上缴税利增长率、员工工资增长率等指标；还要参考行业平均效益水平来考核评价经营者的业绩。

2. 适用对象：具体针对经营者一人，如总经理或执行副总经理等人员。

3. 适用企业：追求企业效益最大化的非股份制企业中小企业。一般集团公司对下属子公司的经营者实施的年薪报酬方案以这种模式为主导。

4. 激励作用：不存在风险收入封顶的限制，考核指标选择科学准确，这种多元化结构的薪酬方案更具有激励作用。但该方案缺少激励经营者长期行为的项目，有可能影响企业的长远发展。

（三）以单一所有者权益指标确定岗位系数模式

根据企业所有者权益指标确定基本年薪。

1. 考核指标：确定基本薪酬时要依据企业的资产规模、销售收入、员工人数等指标；确定风险收入时，要考虑净资产增长率、实现利润增长率、销售收入增长率、上缴利税增长率、员工工资增长率等指标；还要参考行业平均效益水平来考核评价经营者的业绩。

2. 适用对象：具体针对经营者一人，如总经理或执行副总经理等人员。

3. 激励作用：多种形式的、具有不同的激励约束作用的报酬组合，保证了经营者行为的规范化、长期化。但该方案的具体操作相对复杂，对企业薪酬委员会的要求相对苛刻。

实例解析

经营者年薪制薪酬设计

经营者年薪制薪酬管理制度如下。

（一）总则

为了规范 ×× 集团（以下简称集团）年薪制员工的薪酬管理，合理确定员工薪资待遇，体现企业薪资的激励作用，建立吸引人才和留住人才的薪酬机制，促进集团的持续健康发展，依据国家政策及集团的实际情况，特制定本管理制度。

本管理制度适用于集团及各子公司的中高层管理人员，包括集团总裁、副总裁、总裁助理、总监、各子公司总经理、集团各部办负责人，以及董事长确认的其他可以享受年薪的重要管理岗位和技术岗位。

本制度由集团人力资源部负责修订，经董事会批准后执行。批准后由人力资源部负责具体实施，董事会负责监督执行。

（二）年薪制员工的薪酬结构

实行年薪制员工的总体薪酬结构如下。

1. 方案一。

薪酬总额＝岗位年薪（底薪＋绩效年薪）＋年终效益奖金＋项目利润提成

（1）岗位年薪。其中底薪占60%，按月平均发放；绩效年薪占40%，年终据年度绩效考核成绩一次性发放。

（2）年终效益奖金。企业总经理完成或超额完成年度经营目标责任书规定的年度利润额目标，对于企业总经理及其团队人员进行的一次性奖励，具体提取比例及分配比例参照企业总经理个人年度目标责任书执行。

（3）项目利润提成。企业总经理在一年内不能完成的经营项目，待项目完成后，根据经营项目获得的净利润给予企业总经理及其团队人员进行的利润提成奖励。具体提取比例及分配比例按照集团与总经理任期合同约定执行。

2. 方案二。

薪酬总额＝岗位年薪（底薪＋绩效年薪）＋年终效益奖金

（1）岗位年薪。其中底薪占60%，按月平均发放；绩效年薪占40%，年终据年度绩效考核成绩一次性发放。

（2）年终效益奖金。企业总经理完成或超额完成年度经营目标责任书规定的年度利润额目标，对于企业总经理及其团队人员进行的一次性奖励，具体提取比例及分配比例参照企业总经理个人年度目标责任书执行。

3. 方案三。

薪酬总额＝底薪＋绩效年薪

其中，底薪占60%，按月平均发放；绩效年薪占40%，年终据年度绩效考核成绩一次性发放。

（1）岗位年薪总额的确定。岗位年薪总额包括基本年薪和绩效年薪两部分，年薪总额以岗位价值为主、技能因素为辅，岗位与技能相结合，即岗位对集团的价值越大，年薪总额越高。集团将依据不同岗位的市场人力资源供给状况、岗位价值评估等因素，结合集团当前年薪制员工薪酬实际情况，确定年薪制员工薪酬等级序列表。

集团年薪制员工的薪酬等级共分为10级6档，不同等级设置不同的档差。年薪制员工具体年薪总额的确定主要结合各岗位员工自身素质、工作经验和工作能力等因素，由集团薪酬管理委员会参照年薪制员工薪酬等级序列表最终确定。

（2）基本年薪的确定。基本年薪主要是为了保障员工的基本生活需要而支付给员工的劳动报酬，基本年薪为年薪总额的60%，基本年薪实行按月平均发放。

（3）绩效年薪的确定。绩效年薪是集团对员工实际工作业绩的肯定与激励，绩效年薪为年薪总额的 40%，绩效年薪与年薪制员工的年度绩效考核成绩挂钩，具体计算考核办法详见集团年薪制绩效管理制度。

（4）年薪制员工试用期工资的确定。新入职年薪制员工根据所应聘岗位、工作经验、工作能力，确定其工资标准。年薪制员工试用期的工资按该员工年薪总额的 80% 发放，试用期间员工不参与绩效考核，不发放相应的绩效工资。

为了提高集团薪酬在引进人才上的竞争力和吸引力，对于集团急缺的高级专业人才或管理人才可以实行协议工资制，报集团总裁、董事长审批通过后确定。

（5）子公司总经理年终效益奖金的确定。年终效益奖金是指子公司总经理在完成个人年度经营目标责任书规定的年度利润额目标的前提下，对于子公司总经理及其子公司内部团队员工进行的一次性奖励。

子公司总经理在完成个人年度经营目标责任书规定的年度利润额或其他财务指标目标的前提下，对子公司总经理及其子公司内部团队员工进行的一次性奖励。具体的年终效益奖金提取比例及年终效益奖金的分配员工及分配比例参照子公司总经理个人年度目标责任书。

津贴及福利参照集团福利制度规定执行。

（三）薪酬的发放

1. 薪酬的发放。集团及各企业员工岗位工资采取按月发薪制，每月 10 日前支付员工前一个月的岗位基本工资。若遇支薪日为休假日时，则根据实际情况适当延迟；如因不可抗力等特殊原因需延后支付工资时，应提前通知员工，并确认延后支薪日期。员工工资支付形式为企业委托银行代发工资，员工个人所得税按国家相关标准计算后由企业代扣代缴。

2. 岗位异动员工薪资的发放。员工如果发生工作岗位调整，以调整岗位后实际到岗日为节点，分别计算调岗前与调岗后对应工作日期的工资，然后累计求和。岗位未变动仅调整工资的，填写员工个人薪酬调整审批表，以员工个人薪酬调整审批表审批通过之日为节点，分别计算工资调整前后对应的工作日期，然后累计求和。

考勤及其他扣款事项参照企业考勤管理制度执行。

（四）薪酬的调整

年薪制员工的薪酬调整分为整体调整及个人调整。

1. 整体薪酬调整。整体薪酬调整指集团人力资源部根据集团所在地区消费价格指数、劳动力市场变化情况和企业总体经营状况，每年对"年薪制员工薪酬等级序列表"进行整体评估，以确定是否需要对其进行整体调整。若需要，由集团人力资源部出台调整方案，经集团薪酬管理委员会批准后执行。

2. 个人薪酬调整。个别岗位薪酬调整包括岗位异动调整和与绩效考核结果挂钩的工资调整。

（1）岗位异动调整。员工改变工作岗位后，如是同职级岗位变动，工资原则上不做调整；如是晋级岗位调整，工资原则上调整至新职级中较现工资较高的，且职责最为接近的档位；如是降级调整，但仍属于年薪制薪酬管理范围内，则根据员工调整后职责岗位及实际工作能力，确定新岗位职级的相应工资档位；如是降级调整为不属于年薪制薪酬管理范围内，参照集团其他薪酬管理制度执行。对于表现突出或对集团发展做出突出贡献者，可由董事长审批后做特殊薪酬调整。

（2）与绩效考核结果挂钩的工资调整。年度绩效考核结果作为员工年终奖金计算、工资调整、职务调整的主要依据，具体绩效考核应用办法详见集团"年薪制绩效管理制度"中相关条款。

（五）附则

本制度是集团管理制度的组成部分，由集团人力资源部负责组织制订、修改和解释，经集团薪酬管理委员会审批后执行。

本制度自颁布之日起实行，集团原有相关规定和制度同时废止。

如有其他制度与本管理制度相抵触，以董事会裁定结果为准。

年薪制员工薪酬等级序列见表10-21。

表 10-21　年薪制员工薪酬等级序列

等　级	折合月薪（元 / 月）						年薪范围（元 / 年）
	1 档	2 档	3 档	4 档	5 档	6 档	
10 级	30 000	33 400	36 800	40 200	43 600	47 000	360 000 ～ 564 000
9 级	19 000	21 000	23 000	25 000	27 000	29 000	228 000 ～ 348 000
8 级	15 000	16 500	18 000	19 500	21 000	22 500	180 000 ～ 270 000
7 级	12 000	13 000	14 000	15 000	16 000	17 000	144 000 ～ 204 000
6 级	10 000	10 800	11 600	12 400	13 200	14 000	120 000 ～ 168 000
5 级	8 000	8 500	9 000	9 500	10 000	10 500	96 000 ～ 126 000
4 级	7 000	7 500	8 000	8 500	9 000	9 500	84 000 ～ 114 000
3 级	6 000	6 500	7 000	7 500	8 000	8 500	72 000 ～ 102 000
2 级	4 500	5 000	5 500	6 000	6 500	7 000	54 000 ～ 84 000
1 级	3 500	3 800	4 100	4 400	4 700	5 000	42 000 ～ 60 000

最后，企业最终需要明确人力资源为什么要有业务思维？总的来说，因为人力资源部是企业战略合作伙伴，人力资源与战略目标之间存在两方面密切的关系。

一方面，人力资源部在制定和实施企业战略目标的过程中发挥着至关重要的作用，因为人力资源是企业实现战略目标的重要驱动力和关键资源。人力资源部通过招聘和选拔合适的人才，制订和执行培训计划，建立绩效评估体系等方式，支持企业战略目标的实现。同时，人力资源部还通过了解员工的需求和发展，提高员工的工作满意度和绩效，促进个人和组织的双向发展。

另一方面，企业战略目标也对人力资源部提出了新的挑战和要求。企业战略目标的实现需要人力资源部的支持和配合，而人力资源部需要不断地调整和优化人力资源管理策略和计划，以适应企业战略发展的需要。人力资源部要做到以下几点。

1. 理解业务需求：人力资源部需要深入理解业务部门的运作方式、战略目标和业务需求，以便更好地为业务部门提供支持和服务。通过业务思维，人力资源部可以更好地了解业务部门的痛点和需求，针对性地制订解决方案。

2. 制定符合业务发展的战略：人力资源部需要与业务部门密切合作，共同制订符合业务发展的战略和计划。在这个过程中，业务思维能够帮助人力资源部更好地理解业务发展趋势和市场需求，从而制订出更符合业务发展需要的战略和计划。

3. 提高人力资源管理效率：通过业务思维，人力资源部可以更好地理解员工的职责和绩效评价标准，从而更好地优化人力资源管理流程，提高管理效率。同时，业务思维能够帮助人力资源部更好地理解员工的职业发展需求和期望，为员工提供更好的职业发展机会和培训计划。

4. 促进跨部门协作：在企业的运营过程中，各部门之间需要进行密切协作。通过业务思维，人力资源部可以更好地理解其他部门的运作方式和需求，从而促进跨部门协作，提高整体运营效率。

5. 实现企业战略目标：人力资源部是企业实现战略目标的重要支持部门。通过业务思维，人力资源部可以更好地理解企业的战略目标和业务发展方向，制订出更加符合企业战略的人力资源管理策略和计划，帮助企业实现战略目标。

综上所述，人力资源部需要有业务思维，才能更好地理解业务需求、制订符合业务发展的战略、提高管理效率、促进跨部门协作及实现企业战略目标。

参考文献

[1] 张德. 人力资源开发与管理 [M]. 4 版. 北京：清华大学出版社，2012.

[2] 黄红发. 一个人力资源总监的管理笔记 [M]. 北京：北京联合出版公司，2014.

[3] 黄红发. 人力资源在左，员工在右 [M]. 北京：北京联合出版公司，2014.

[4] 黄红发. 人力资源管理笔记 HR 晋级之路 [M]. 北京：人民邮电出版社，2018.

[5] 田涛，吴春波. 下一个倒下的会不会是华为 [M]. 北京：中信出版社，2012.

[6] 潘平. 上承战略 下接人才：人力资源管理高端视野 [M]. 北京：清华大学出版社，2015.

[7] 马海刚，彭剑锋，西楠. HR+ 三支柱 [M]. 北京：中国人民大学出版社，2017.

[8] 惠特默. 高绩效教练（第 4 版）[M]. 林菲，徐中，译. 北京：机械工业出版社，2014.

[9] 布洛克. 完美咨询：咨询顾问的圣经（第 3 版）[M]. 黄晓亮，译. 北京：机械工业出版社，2019.

[10] 孙连才. 企业集团管控 [M]. 2 版. 北京：清华大学出版社，2014.

[11] 杨国安. 组织能力的杨三角：企业持续成功的秘诀 [M]. 2 版. 北京：机械工业出版社，2015.

[12] 罗宾斯，库尔特 . 管理学（第 11 版）[M]. 李原，孙健敏，黄小勇，译 . 北京：中国人民大学出版社，2012.

[13] 陈春花 . 激活个体：互联时代的组织管理新范式 [M]. 珍藏版 . 北京：机械工业出版社，2016.

[14] 希特，爱尔兰，霍斯基森 . 战略管理概念与案例（第 8 版）[M]. 吕巍，译 . 北京：中国人民大学出版社，2009.

[15] 基辛格 . 平衡的智慧 [M]. 高路，杜霞，译 . 北京：中国商业出版社，2010.

[16] 德斯勒 . 人力资源管理（第 12 版）[M]. 刘昕，译 . 北京：中国人民大学出版社，2012.

[17] 惠顿，卡梅伦 . 管理技能开发（第 8 版）[M]. 戴维智，译 . 北京：清华大学出版社，2011.

[18] 中国就业培训技术指导中心 . 职业道德国家职业资格培训教程 [M]. 北京：中央广播电视大学出版社，2007.

后 记

　　或许您已发现在企业的 CEO 族群里，人力资源工作者的身影越来越多，例如：丝宝地产（广州）公司总经理由集团人力资源总经理王琪兼任，润锦环保公司总经理由集团人力资源总经理白永红兼任，万绿达集团前副董事长孔光友，也是从人力资源总监起步，后升任执行副总经理、总经理、执行总裁、副董事长……这样的例子在我们身边已随处可见。

　　二十年前，我初入职场时，人力资源部门只是三级部门，现在我接触过的企业都已设人力资源部或人力资源中心，成为企业的一级部门，甚至成为企业战略级的部门。如何将招聘与统计工作变得更有价值与意义，需要人力资源从业者贡献智慧。除了做好基础的人事事务服务工作之外，更多的是思考如何激活人才、更好地经营企业。

　　回想起来，非常感谢我服务的第一家日资企业总经理的要求：他要求我每天走访生产部门，让人力资源工作与实际业务高度关联。那时，我意识到生产是企业业务的核心。这家企业让我学会人力资源工作一定要结合企业的主营业务，从招聘量分析部门人员的稳定性与部门负责人的管理和行为风格、从出勤统计分析管理者的领导力与执行力、从产能分析企业的流程合理性与人效等。

　　人力资源需要理论支撑，更需要用实践来验证，不能促进企业效能提升的人力资源工作不过是假动作，或许一时看似光鲜，但无法长久地支撑企业发展。贴近业务、深入战略，用业务思维从事人力资源工作，将企业经营原则装进心里，将企业的使命与价值观揉进日常行为，一切以促进企业发展为导向的人力资源行为，才是最佳实践！我从事人力资源工作二十余年，一直以提升人效、企效为导向，并将此融入自己的灵魂与血液中。非常感谢一路走来，给予我践行业务思维理念的客户企业，让我更加深刻地理解用贴近业务的思维做人力资源的重要性并获得价值感。

感谢中国铁道出版社有限公司王佩，中国航天社会系统工程实验室理事常远教授，华中农业大学齐振宏教授，志于道咨询创始人杨炳元教授，海轩商学院吴群学院长，广东培训网谢文韬，黑马集团华西区 CEO 刘家熙，时代华商庄安琪，粤商管理研究院执行院长石建慧，红杉咨询创始人冯婉珊，华略臻盈咨询创始人华文逸，丝宝地产总经理王琪，乐天控股集团常务副总裁孙志彬，润锦集团董事长叶少林，莱福德董事长范勇，兴盛通电气董事长余燎原，四海集团董事长何晓媚，广州大数据行业协会会长郑利苗、秘书长徐辉英及副秘书长郑雪吟等专家、学者、企业家给予我专业意见与指导。

书中知识点既有个人心得、朋友指导建议、学术资料，还有部分来源于互联网，因找不到原出处与作者，在此一一致谢！由于时间仓促与自身知识的局限性，书中难免会有疏漏与不足，恳请各位读者斧正，我将悉心接受。请您将建议反馈至邮箱 hrhhf@126.com，微信 mise1980，共同交流！

黄红发

2024 年 10 月